Jan Frerichs
barfuß & wild

Jan Frerichs

barfuß & wild

Wege zur eigenen Spiritualität

Patmos Verlag

Für Kolya und Leo

Inhalt

Zur Einführung: An die Suchenden · 7

Barfuß zur Quelle · 15
Der erste Wegweiser: die Natur · 16
Der zweite Wegweiser: die Heilige Schrift · 20
Der dritte Wegweiser: franziskanische Tradition · 24
Der vierte Wegweiser: Mystik · 32
Der fünfte Wegweiser: Kontemplation und Aktion · 37

VATER · 43

Begegnung mit dem wilden Gott · 45
Mensch, wo bist du? (Gen 3,9) · 47
Das Leben: wild, kreativ, göttlich · 55

Das heilige Feuer entfachen · 63
Leg deine Schuhe ab (Ex 3,5) · 68
Die Natur als Spiegel der Seele · 74
in praxi: Visionssuche / Quest – über die Schwelle gehen · 78

SOHN · 87

Mit Christus durch das Lebensrad · 89
Das Lebensrad als Orientierungsmodell · 90
Die Wurzeln des Lebensrades · 93
Der Christus im Rad · 96

Nackt dem nackten Christus folgen — 101
Sie küsste seine Füße und salbte sie (Lk 7,38) — 103
Das Geheimnis der Inkarnation — 105
in praxi: Süden – mit dem inneren Kind gehen — 108

Mit dem Schatten tanzen — 111
Verkauf alles, was du hast! (Lk 18,22) — 113
Dem Drachen gegenübertreten — 116
in praxi: Westen – hinabsteigen — 123

Dem Leben dienen — 127
Gebt ihr ihnen zu essen! (Mk 6,37) — 129
Vom Lebenskampf zum Lebenstanz — 133
in praxi: Norden – Rituale gestalten — 136

Dem eigenen Mythos auf die Spur kommen — 143
Brannte uns nicht das Herz? (Lk 24,32) — 145
Begegnung mit dem kosmischen Christus — 150
in praxi: Osten – Geschichten erzählen — 155

HEILIGER GEIST — 161

Von der Askese zur Hingabe — 163
Du bist ein tüchtiger Diener! (Lk 19,17) — 166
Mit Demut und Noblesse — 174
in praxi: Beten — 180

Zum Abschluss: Über den großen Wandel — 185

Dank — 189
Quellen und Literatur — 191

Zur Einführung:
An die Suchenden

> Die Leute sagen,
> dass wir alle nach einem Sinn des Lebens suchen.
> Ich glaube nicht, dass es das ist, was wir wirklich suchen.
> Ich glaube, was wir suchen,
> ist eine Erfahrung des Lebendigseins.
> JOSEPH CAMPBELL

»Ach, wenn mir nur gruselte!«, sagt der Furchtlose im Grimmschen Märchen immer wieder. Er zieht in die Welt, um das Fürchten zu lernen, aber nichts vermag seine Furcht zu erregen. Keine Gespenster und nicht einmal die Toten. Am Ende ist es seine Gemahlin, die ihn erlöst. Er ist mittlerweile König und sehr reich. Als er schläft, zieht sie seine Bettdecke zurück und überschüttet ihn mit einem Eimer kalten Wassers voller zappelnder Fische. »Nun weiß ich, was Gruseln ist!«, sagt der Erwachte.

In religiöser Hinsicht gleichen viele Menschen heute dem Furchtlosen. Kaum etwas in der Welt erscheint ihnen noch geheimnisvoll, numinos und in dem Sinne furchterregend. Was sollte uns auch – bei vernünftiger Betrachtung – Angst einjagen? Die Dunkelheit? Ein Gewitter? Die Tiefen des Meeres? Oder vielleicht die unendlichen Weiten des Weltalls? Wir entzünden ein Licht, leiten den Blitz ab, schweben in Metallröhren durch die Atmosphäre und haben schon auf dem Mond unsere Fußspuren hinterlassen. Zwar gibt es Ereignisse wie Naturkatastrophen und unglückliche Unfälle. Aber weder Zufall noch Unfall ändern grundsätzlich etwas an der Art, wie wir in der Welt sind. Wir sind aufgeklärt und in gewisser Hinsicht auch abgeklärt. Wir haben alles unter Kontrolle. So scheint es. Und so gleichen wir dem Furchtlosen im Märchen. Er ist am Ende ein reicher König – und doch leidet er einen Mangel. Es gehört zu den Phänomenen unserer Zeit, dass trotz all der Möglichkeiten, Errungenschaften und Reichtümer viele Menschen in den westlichen Industrienationen eine mysteriöse Leere erfahren. Etwas fehlt. Eine tiefe Sehnsucht bleibt unerfüllt. Es ist, als ob eine wesentliche Lebenserfahrung nicht (mehr) möglich ist. Nicht alle spüren das gleichermaßen. Aber es gibt Suchende.

An die Suchenden richtet sich dieses Buch. Ich möchte behaupten: Was dem Furchtlosen da abgeht, ist im Grunde nichts anderes als »eine Erfahrung des Lebendigseins«, wie der Mythenforscher Joseph Campbell sie beschreibt: eine Erfahrung, bei der »unsere Lebenserfahrungen auf der rein physischen Ebene in unserem Innersten nachschwingen«. Ich möchte das eine echte spirituelle Erfahrung nennen. Spiritualität kommt von »spiritus«, »Geist«. Eine geistliche Erfahrung berührt das Herz, um es mit einem Begriff aus der jüdisch-christlichen Tradition zu sagen, unseren innersten Wesenskern. Das Herz ist das Zentrum unserer Existenz. Kurzum: Viele Erfahrungen, die wir modernen Menschen machen, berühren unser Herz nicht wirklich. Wir versuchen vielleicht, uns mit künstlichen Abenteuern, gekauften Höhenflügen zu befriedigen. Aber das wirkt nicht nachhaltig.

Für viele Generationen vor uns war der christliche Glaube ein Schlüssel zu jener tiefen »Erfahrung des Lebendigseins«, der

An die Suchenden

geistliche Schlüssel zu einem »Leben in Fülle« (Joh 10,10), von dem Jesus spricht. Was ist daraus geworden? Mindestens in Westeuropa steckt das Christentum in einer Krise. Es wirkt seltsam blutleer. Religion ist hier weitgehend reduziert auf theoretische Fragen und leere Rituale. Viel zu viel wird *über* den Schlüssel geredet. Es geht um die richtige Lehre über Gott, Jesus, den Heiligen Geist. Aber immer weniger Menschen verbinden mit diesen Worten überhaupt noch eine Erfahrung. Und ein Gott, der nicht erfahrbar ist, existiert auch nicht. Fast scheint in Vergessenheit zu geraten, wozu der Schlüssel da ist und in welches Schloss er passen könnte.

Viele wenden sich heute vom Christentum ab. Hinter vordergründiger Gleichgültigkeit sitzen vielfach schlechte Erfahrungen. Viele sind im Namen der Kirche und der Nächstenliebe schlecht behandelt worden, was auch immer das im Einzelnen heißt. Anderen ist Religion schlichtweg gleichgültig. Niemand vermochte offenbar je, ihnen überzeugend darzulegen, wofür Religion gut sein soll. Zu guter Letzt trägt heute ein Terrorismus im pseudoreligiösen Gewand beständig dazu bei, dass sie Religion per se für gefährlich halten. Dass viele vom Christentum nichts mehr erwarten, ist vor diesem Hintergrund nur zu verstehen.

Es gibt auch Menschen, die zwar spirituell auf der Suche sind, dabei aber einen großen Bogen um die christliche Tradition machen. Sie nehmen Zuflucht im Buddhismus, in indianischen oder anderen Traditionen oder auch Mischformen aus alledem. Sie müssen dabei ertragen (wenn sie das überhaupt interessiert), dass die offiziellen Vertreter der Kirchen entweder auf sie herabschauen oder aber versuchen, mit angepassten Angeboten ihr Interesse zu wecken. Da gibt es dann Zen-Meditation in christlichen Bildungshäusern. Oder schamanisch-indianische Retreats, bei denen abschließend noch ein Vaterunser gebetet wird. Um nicht missverstanden zu werden: Gegen die Freiheit, andere Traditionen kennenzulernen und sich inspirieren zu lassen, gibt es gar nichts einzuwenden. Allerdings bleiben auch diese Versuche künstlich und oberflächlich, wenn sie keine stimmige Verbindung zu den eigenen Wurzeln herzustellen vermögen.

Ich meine, es ist Zeit, sich die Religion der eigenen Väter und Mütter, Großväter und Großmütter (wieder) anzueignen. Umfassend. Die Aufforderung dazu kommt sogar von nichtchristlicher Seite. Der Dalai Lama etwa füllt in Deutschland Stadien und könnte sich doch freuen, dem Buddhismus so viele neue Anhänger zuzuführen. Er ruft stattdessen bei seinen Unterweisungen dazu auf, nicht zum Buddhismus zu wechseln, sondern zuerst die Erfüllung in der eigenen Religion zu suchen. Folgt man dem Dalai Lama, bedeutet Religionsfreiheit nicht nur, seine Religion frei zu wählen. Vielmehr geht es auch um die Freiheit, die eigene Religion an sich zu nehmen und – gleichsam von innen her – sich wieder zu eigen zu machen. Ähnliche Impulse kommen derzeit auch aus dem Vatikan. Papst Franziskus weist in seinem Apostolischen Schreiben »Evangelii gaudium« auf den »Spürsinn« der Gläubigen hin (EG 31). Dem sind die Bischöfe aufgefordert zu folgen wie Hirten, die der Herde nachziehen, weil die am besten weiß, wo die saftigsten Weidegründe liegen. Das brächte allerdings eine Umkehrung der gewohnten Verhältnisse: Im Mittelpunkt stünde dann das Leben der Gläubigen und nicht mehr die Institution Kirche, auf die alles ausgerichtet ist und um die sich alles dreht.

Es ist Zeit, das Christentum wieder vom Kopf auf die Füße zu stellen. Es ist Zeit, das heilige Feuer wieder zu entfachen. Und dieses Buch will einen Beitrag leisten zum Aufrühren der Glut. Es ist eine Einladung, die alten Schuhe und Schutzhäute abzustreifen und den »Spürsinn«, von dem der Papst spricht, zu wecken. Wer »barfuß« geht, spürt den Weg unter den Fußsohlen und verlagert seine Aufmerksamkeit ganz von selbst praktisch vom Kopf in die Füße. »Barfuß« steht symbolisch für eine Haltung, die sich unmittelbar berühren und einbeziehen lässt und nicht in der Rolle des Zuschauers bleibt. Es bedeutet, Sicherheiten und Vorstellungen beiseitezulegen und bereit zu sein für den »heiligen Boden« (Ex 3,5), auf dem eine Begegnung mit dem Göttlichen ihren Ort finden kann.

Am Ende ist es im Märchen ein Eimer Wasser mit Fischen, der den Furchtlosen aufwachen lässt. Das »Erwachen« ist ein uraltes Symbol der Mystik. Wasser und Fische? Nichts weiter? Genau das ist vielleicht die Wahrheit, die das Märchen zeigt: Lebendigsein ist nicht unbedingt eine außerordentliche, übernatürliche Erfahrung. Lebendigsein bringt uns in Kontakt mit der Gegenwart. Mit dem Jetzt und Hier. Und umgekehrt: Der unmittelbare Kontakt mit der Gegenwart, dem Hier und Jetzt, lässt uns unser Lebendigsein spüren.

Das Wasser im Märchen symbolisiert das Unbewusste und Wilde. Wenn man so will, stehen die Fische für unsere Bedürfnisse, Wünsche und Triebe, die in unserem Inneren schlummern und von dort aufsteigen. Der Eimer Wasser und die zappelnden Fische ziehen den Furchtlosen mit einem Ruck in die Gegenwart. Man könnte in dem Motiv das Symbol einer sexuellen Erfahrung sehen. Ich möchte das weiter fassen: Es ist, als hätte der Furchtlose sich vorher »nicht gespürt«, wie wir heute sagen. Das heißt,

Lebendigsein ist dann erfahrbar, wenn alle Dimensionen unseres Menschseins verbunden sind.

Dieses Buch ist eine Einladung, dem wilden Gott zu begegnen und die eigene »Wildheit« wiederzuentdecken: Verbundensein mit dem Kosmos, Eingebundensein in die Gemeinschaft der Geschöpfe und die Erfahrung von Lebendigsein. Ich gliedere es in drei Teile und folge dabei dem, was alle Christen weltweit eint: der Dynamik der Trinität. Vater, Sohn und Heiliger Geist sind aufeinander bezogen, und das sagt nichts anderes als: Gott selbst ist Gemeinschaft. »Am Anfang steht nicht die Einsamkeit des Einen, eines ewigen, einzigen, unendlichen Seins. Am Anfang ist die Gemeinschaft der drei Einzigen«, sagt Leonardo Boff (Boff 1990: 21).

Diese Gemeinschaft ist eine universale Wirklichkeit. Das Glaubensbekenntnis bringt das Prozesshafte der Schöpfung und auch des spirituellen Weges des Einzelnen zum Ausdruck. Die Schöpfung ist kein abgeschlossener Vorgang, aus dem sich Gott zurückgezogen hat, um nun als ferner Weltenlenker unserem Treiben zuzuschauen. Wir sind eingeladen, an diesem Prozess und dieser universalen Gemeinschaft teilzunehmen. Vielleicht gelingt es, diesen Prozess im Verlauf des Buches sichtbar und begreifbar zu machen und damit auch den Kern christlicher Überlieferung aus dem Schattendasein theologischer Diskurse ans Licht zu holen.

Dazu kommen Vorschläge für die konkrete spirituelle Praxis. Es sind Übungen und Rituale, die einen Raum öffnen für das Wichtigste: die eigene Erfahrung. Die Initiation in die eigene Spiritualität ist nämlich nicht zuerst eine Orthodoxie, sondern eine Orthopraxie: sich wieder verbinden mit der Kraft des Ursprungs. Im Fluss des Seins den eigenen Standort bestimmen. Versöhnt mit der Wirklichkeit den nächsten Schritt gehen. Dafür lohnt es sich, die Schuhe auszuziehen (vgl. Ex 3,5).

Am 4. Oktober 2017, dem Fest des hl. Franziskus

Jan Frerichs

Barfuß zur Quelle

> Über die Erde
> sollst du barfuß gehen.
> Zieh die Schuhe aus,
> Schuhe machen dich blind.
> Du kannst doch den Weg
> mit deinen Zehen sehen,
> das Wasser,
> den Wind.
>
> MARTIN AUER

Es gibt eine ungezähmte und wilde Seite des Christentums mit einer lebendigen, ursprünglichen Spiritualität, die nichts ausklammert. Es ist dies ein kräftiger Strom, der allerdings in weiten Teilen der Geschichte unterirdisch verläuft und manchmal schwer zu entdecken ist. Dann und wann aber gelangt er ins Freie. Dann wird er – manchmal nur für einen Augenblick – sichtbar und kann seine ganze, mitreißende Kraft entfalten.

In unserer Zeit ist es notwendig, neu auf die Suche zu gehen nach diesem lebendigen Wasser, wie die folgende Geschichte illustriert. Sie gehörte – so heißt es – zu den Lieblingsgeschichten von C. G. Jung. Aus einer Quelle sprudelte anfangs das reine Wasser des Lebens. Seine Klarheit und Kraft lockte Menschen von überall her, um sich an ihm zu erfreuen und zu nähren. Einige begannen aber damit, einen Brunnen zu bauen und um den Brunnen herum einen Zaun. So konnten sie den Zugang zur

Quelle kontrollieren und Eintritt verlangen. Sie ernannten sich zu Besitzern des Brunnengrundstücks und stellten Regeln auf, wer würdig sei, den heiligen Bezirk zu betreten und wer nicht. Es dauerte nicht lange, und das ganze Brunnenheiligtum war im Besitz der mächtigen Elite des Landes. Das Wasser indes spielte da nicht mit. Die Quelle versiegte und begann an einem anderen Ort zu sprudeln, ohne dass es die selbsternannten Besitzer überhaupt merkten. Sie waren so beschäftigt mit ihren Hierarchien und Vorschriften. Die hochkomplexen Lehren über das Wasser des Lebens, seinen Ursprung und seine Wirkung waren ihnen offenbar wichtiger geworden als das Wasser selbst. Sie verkauften weiter den Zugang zur Quelle, die gar kein Wasser mehr hervorbrachte. Erstaunlich, dass nur wenige das merkten. Es gab allerdings einige Unzufriedene, die sich mutig auf die Suche nach der neuen Quelle machten (vgl. Müller 2015: 9).

Dieses Buch zeichnet eine Landkarte, die es ermöglicht, das lebendige Wasser aufzuspüren. Wir sind nicht die Ersten, die dieses Abenteuer auf sich nehmen. Jede Generation hat ihre Suchenden. Der große Schatz ihrer Erfahrungen kann uns bei unserer Suche helfen. Ich möchte eingangs einige Wegweiser vorstellen, die ich teils für unverzichtbar, teils für bemerkenswert halte: die Natur, die Heilige Schrift, die franziskanische Tradition, die Mystik und schließlich Kontemplation und Aktion.

Der erste Wegweiser: die Natur

Das, was unbestreitbar uns alle verbindet, ist die Natur, in der wir leben. »Das ganze materielle Universum ist ein Ausdruck der

Liebe Gottes, seiner grenzenlosen Zärtlichkeit uns gegenüber«, schreibt Papst Franziskus in seiner Öko-Enzyklika »Laudato si'«. »Der Erdboden, das Wasser, die Berge – alles ist eine Liebkosung Gottes« (LS 84). Diese Worte knüpfen an die biblische Schöpfungserzählung an, in der es heißt, alles Geschaffene sei »sehr gut« (Gen 1,31). Und dennoch sind sie in mehrerlei Hinsicht eine Provokation. Die Natur ist ja auch bedrohlich und stellt eine Herausforderung dar. Nicht wenige würden wahrscheinlich behaupten, wir Menschen hätten viele unserer Errungenschaften geradezu gegen die Natur erkämpft. Unser Überleben und unseren Wohlstand haben wir ihr abgetrotzt. Allerdings bleiben wir ein Teil der Natur, und es stellt sich die Frage, wie wir uns selbst verstehen und welche Rolle wir spielen wollen.

Die Unterscheidung zwischen uns hier und der Natur dort ist an sich schon Ausdruck einer Entfremdung. Die Worte des Papstes sind auch eine Anklage angesichts der unermesslichen Naturzerstörung, die wir Menschen verursachen. Wir weisen die göttliche »Zärtlichkeit uns gegenüber« zurück. Abgesehen von dem Leid, das Menschen einander zufügen, sind die Folgen für die nichtmenschlichen Lebewesen gravierend: »Jedes Jahr verschwinden Tausende Pflanzen- und Tierarten, die wir nicht mehr kennen können, die unsere Kinder nicht mehr sehen können, verloren für immer. Die weitaus größte Mehrheit stirbt aus Gründen aus, die mit irgendeinem menschlichen Tun zusammenhängen. Unseretwegen können bereits Tausende Arten nicht mehr mit ihrer Existenz Gott verherrlichen noch uns ihre Botschaft vermitteln. Dazu haben wir kein Recht«, so der Papst (LS 33).

Für Christen – daran erinnert Franziskus in seinem Schreiben – ist die Natur ein Ort der Offenbarung Gottes. Sprich: Wenn ich

Gott erfahren will, dann kann ich das nur in seiner Schöpfung. Die gesamte Natur ist »der Ort seiner Gegenwart« (LS 88), zitiert der Papst die brasilianischen Bischöfe. Dieses Bewusstsein ist in der westlichen Tradition des Christentums in den vergangenen Jahrhunderten verlorengegangen oder mindestens stark eingetrübt.

Die Trennung zwischen Mensch und Natur ist aber nicht nur ein abstraktes Phänomen unserer Kulturgeschichte. Diese Trennung bestimmt unsere Weltanschauung bis in die Alltagsvollzüge. So wie wir als moderne westliche Menschen die Natur kontrollieren, so kontrollieren wir auch den »wilden« Teil unseres Daseins. So trennen wir auch zwischen heilig und profan, zwischen dem nach oben orientierten »reinen« Geist und der nach unten ziehenden, »geistlosen« Erde. In die Natur zu gehen, heißt Körper und Geist verbunden und als Einheit wahrzunehmen. Indem wir uns bewusst der äußeren Wildnis aussetzen, geben wir auch der wilden Seite unseres Daseins wieder Raum. Unsere Sinne sind dann keine Anhängsel eines abstrakten Geistes mehr. Sie nehmen die umgebende Welt wahr. Wind streicht über die Haut. Luft schmeckt. Farben leuchten. Wir sind ein Teil des Kreislaufs, wenn wir atmen und den Sauerstoff inhalieren, den die Pflanzen abgeben. Wasser fließt durch unseren Körper und zurück in die Erde.

Wir sind ein Teil der Natur. Die Natur ist daher nicht nur ein Gegenüber, das wir als Zuschauer betrachten, analysieren und bewerten. Für unsere Vorfahren in archaischen Kulturen war die Natur nie eine Kulisse, sondern durch und durch beseelt und ein Spiegel des eigenen Daseins. Der Mensch ist ein Teil der kosmischen Zyklen, aber nicht nur äußerlich, sondern auch innerlich.

Auch der Mensch durchwandert auf dem Lebensweg die Jahreszeiten.

Seit einigen Jahrzehnten wächst dieses Bewusstsein wieder im Westen. Diese Entwicklung geht einher mit der tiefenökologischen Bewegung, die angesichts der Umweltprobleme nach umfassenden wirtschaftlichen, politischen, kulturellen und spirituellen Ansätzen und Lösungen sucht. Wenn der Mensch ein Teil des Ganzen ist, dann ist die ihn umgebende Natur genau genommen nicht die Umwelt, sondern die Mitwelt. Die christliche Tradition ist für viele dabei ein Teil des Problems und weniger der Lösung: »Es waren Europäer, die sich zum Christentum bekannten, die die halbe Welt eroberten und dabei oftmals riesige Wälder und Ökosysteme ebenso zerstörten wie sie die kolonisierten Völker ausbeuteten« (Boff/Hathaway 2016: 343). Wahrscheinlich kommen die Impulse zur sozialen und ökologischen Neuorientierung christlicher Theologie genau deshalb nicht aus Europa, sondern aus Asien, Afrika und Lateinamerika. Dort entstanden Theologien »der Befreiung« oder »des Volkes«, die längst nicht mehr nur die sozialen Probleme in den Blick nehmen. Papst Franziskus spricht von einer »ganzheitlichen Ökologie«, die notwendig sei, um »die Klage der Armen ebenso zu hören wie die Klage der Erde« (LS 49). Zur »Option für die Armen« gehört die »Option für die Erde« und umgekehrt.

Nun geht es um die Frage, wie eine »ökologische Spiritualität« aussehen kann, das heißt, nicht nur »über Gott im Kosmos nachzudenken, sondern Gott in allen Dingen zu erfahren« (Boff/Hathaway 2016: 367). Außerhalb der christlichen Tradition gibt es dazu Ansätze: Eine ökologische Spiritualität begegnet in verschiedenen Formen initiatorischer Prozessarbeit in der

Natur und vor allem im modernen Ritual der Visionssuche oder *Vision Quest*, das an indigene Traditionen anknüpft und sie für unsere Zeit zugänglich macht.

Es ist eine Herausforderung für Christen, eine ökologische Spiritualität zu entwickeln und die Natur als einen spirituellen Ort zu entdecken. »Wieder« zu entdecken, müsste es genau heißen, denn eine christliche Schöpfungsspiritualität hat es immer gegeben. Die Natur ist ein »kostbares Buch« (LS 85), erklärt Papst Franziskus. Und noch mehr: Die Natur ist als Ort der Gottesoffenbarung die erste Bibel. Der Blick in die jüdisch-christliche Geschichte bestätigt das. Immer haben sich Menschen in die Natur begeben, um in diesem Buch zu lesen und allem auf den Grund zu gehen. Mose gehört dazu, der in der Wüste in einem brennenden Dornbusch Gott begegnete (Ex 3). Jesus »lebte bei den wilden Tieren« (Mk 1,13), bevor er öffentlich zu predigen begann. Auch später zog er sich immer wieder an »einsame Orte« zurück (Mk 1,35ff) und er predigte oft in Naturgleichnissen (Lk 12,24ff). Da sind die Wüstenväter, die das Mönchtum begründen. Und dann Franz von Assisi. Der sprach mit Tieren, Pflanzen, Steinen und mit dem Feuer. Er erfasste »mit dem scharfen Blick seines Herzens die Geheimnisse der Geschöpfe« (1 Cel 81), heißt es über ihn.

Der zweite Wegweiser: die Heilige Schrift

Wer die Natur als erste Bibel wahrnimmt, blickt auch anders auf die zweite Bibel, in der wir die »eigentliche, in der Heiligen Schrift enthaltenen Offenbarung« (LS 85) finden. Mit der Heiligen Schrift geht es uns aber in unserer westlichen Weltsicht ganz ähnlich wie mit der Natur. So wie wir als Zuschauer die Natur nur wie ein Gegenüber betrachten und behandeln, gehen wir meist auch mit der Heiligen Schrift um. Dann haben die Worte, Geschichten und Bilder, die sie enthält, nicht mehr unmittelbar mit uns zu tun. Wir können ihre Geschichten analysieren und interpretieren, so wie die moderne Biologie die Natur katalogisiert und in ihre molekularen Einzelteile zerlegt. Wenn es nur dabei bleibt, ist es ein einseitiger Zugang.

Wenn wir das Wort Gottes hören und aufnehmen, sind wir in Wahrheit selbst ein Teil der Heiligen Schrift, so wie wir auch ein Teil der Natur sind. Dieser Gedanke klingt schon im Alten Testament an: »Denn wie der Regen und der Schnee vom Himmel fällt und nicht dorthin zurückkehrt, sondern die Erde tränkt und sie zum Keimen und Sprossen bringt, wie er dem Sämann Samen gibt und Brot zum Essen, so ist es auch mit dem Wort, das meinen Mund verlässt: Es kehrt nicht leer zu mir zurück, sondern bewirkt, was ich will, und erreicht all das, wozu ich es ausgesandt habe« (Jes 55,10–11). Das Wort Gottes ist für den Propheten Jesaja keine statische Größe. Es stößt Wachstums- und Entwicklungsprozesse an, wie wir sie in der Natur erleben. Unser individuelles Leben ist in jedem Fall ein Teil davon. Alles entwickelt sich. Nichts ist gänzlich vorherbestimmt. Die Schöpfung liegt in »Geburtswehen«, wie es Paulus formuliert (Röm 8,22).

In biblischer Sprache ausgedrückt: Wir alle sind Söhne und Töchter Gottes, und zwar nicht erst in einem fernen Jenseits, wenn wir diese Welt »überwunden« haben. Gerade weil wir Geschöpfe dieser Erde sind, gehören wir zu Gott. Das hebräische Wort für Mensch, *adam*, ist eine Ableitung von dem Wort für Erde, *adamah*. Der erste Mensch – so erzählt es demnach die Bibel – ist im wahrsten Sinne des Wortes ein Erdling. Christen dürften mit diesem Gedanken eigentlich keine Schwierigkeiten haben. Sie verehren in Jesus Christus schließlich einen Gott, der Mensch geworden ist. Umso mehr erstaunt es, dass das Christentum in weiten Teilen seiner Geschichte – und gerade in den vergangenen Jahrhunderten – vielfach so weltabgewandt und geradezu allergisch gegen das irdische Hier und Jetzt erscheint.

Die Menschwerdung Gottes ist die Heiligung unseres Menschseins. Ein großes Missverständnis liegt darin, immer noch einen Unterschied zwischen »heilig« und »profan« anzunehmen. In der Aschermittwochs-Liturgie heißt es: »Bedenke, Mensch, dass du Staub bist.« Das erinnert an die Vergänglichkeit unserer Existenz, die eine schlichte Tatsache ist. Wir sterben und »kehren zurück zum Staub« (Ps 90,3). Der Staub steht symbolisch stellvertretend für die Materie, die wir biologisch sind. Es wäre aber ein Irrtum, dieses Symbol negativ zu deuten. So als sei die Materie wertlos und als müssten wir diesen Zustand überwinden, um das zu erreichen, was dann als heilig oder gar göttlich bezeichnet werden könnte.

Leider hat diese »Spiritualität von oben« mit ihrer tendenziell negativen Bewertung alles Materiellen viele Generationen geprägt. Inkarnation, Fleischwerdung heißt aber: Gott selbst hat unser vergängliches Dasein ganz materiell geteilt. Und eben nicht, um uns hier »rauszuholen«, sondern um uns die Augen zu öffnen und uns mitzuteilen, dass es keinen anderen Ort des Heils gibt als hier und jetzt. Vielleicht würde das deutlicher, wenn es am Aschermittwoch einmal hieße: »Bedenke, Staub, dass du Mensch bist!« Die Botschaft lautet: Du musst dich nicht anstrengen, wie Gott zu werden, denn Gott hat sich angestrengt, so zu werden wie du.

Wir schreiben das Wort Gottes fort mit unserer eigenen Geschichte. Die Bibel ist also nicht einfach ein für alle Mal erzählt, sondern öffnet die Tür für eine tiefere Wahrheit. Diese Wahrheit lässt sich nicht reduzieren auf ein paar abstrakte Lehraussagen. Die Bibel besteht aus gutem Grund aus Geschichten. Die Wahrheit zeigt sich zwischen den Zeilen. Die Bibel ist – wenn man so will – die Essenz der zu Geschichten geronnenen Erfahrung unserer Vorfahren. Geschichten, in denen sich immer auch ein Teil unserer eigenen Geschichte spiegelt. Die Heilige Schrift ist folglich – ebenso wie die Natur – ein Spiegel, in dem wir uns selbst erkennen können.

Der Gedanke der Fortschreibung des Wortes Gottes ist im Grunde der Kern dessen, was in der katholischen Kirche unter Tradition verstanden wird. Die Kirche, so stellt das Zweite Vatikanische Konzil fest, schöpft »ihre Gewissheit über alles Geoffenbarte nicht aus der Heiligen Schrift allein« (DV 9), sondern auch aus der »Heiligen Überlieferung«, also der nachbiblischen Tradition. Die Heiligenverehrung in der katholischen Tradition ist eine Ausdrucksform dieser Fortschreibung, allerdings sehr anfällig für Missverständnisse. Mit Recht haben Martin Luther und andere Reformatoren Fehlformen der Heiligenverehrung kritisiert. Allerdings mit der Begründung, nur Gott dürfe angebetet werden, womit sie das eigentliche Problem nur verschoben haben. Es geht überhaupt nicht um die Frage der »richtigen« Verehrung. Es geht darum, selbst heilig zu sein – heilig im Sinne von »heil sein«, sprich: Die Heiligen sollen uns ermutigen, unser ganzes Potenzial zu entfalten. Daran sollen ihre Geschichten erinnern. Leider gerät immer wieder in Vergessenheit, dass die Fortschreibung der Tradition die Sache aller Getauften ist und nicht die eines exklusiven Zirkels von Experten und Auserwählten. Alle Getauften bilden »die Gemeinschaft der Heiligen«, wie es im Glaubensbekenntnis heißt.

Der dritte Wegweiser: franziskanische Tradition

Einer der bekanntesten Heiligen der katholischen Kirche ist Franz von Assisi. Er verkörpert geradezu die Vorstellung einer Spiritualität der Schöpfung, die in den vergangenen Jahrzehnten angesichts der Industrialisierung und Umweltzerstörung wieder stärker ins Bewusstsein getreten ist. Papst Johannes Paul II. erklärte Franziskus 1979 zum Patron des Umweltschutzes und der Ökologie. 2013 nahm erstmals ein Papst den Namen dieses Heiligen an und verfolgt seitdem beharrlich sein Programm eines Umbaus der römisch-katholischen Kirche zu einer »armen Kirche für die Armen« (EG 198).

Franz von Assisi sticht deshalb heraus, weil er – sowohl innerkirchlich als auch außerhalb – überaus großes Ansehen genießt. Er wurde schon früh von seinen Anhängern als »zweiter Christus« verehrt (Feld 2001: 63). Aber er hat auch Nichtkatholiken inspiriert. Unter anderem Rudolf Steiner, den Begründer der Anthroposophie. Der hält Franz von Assisi für eine Wiedergeburt des Gautama Buddha. Für die ökologische Bewegung ist Franziskus ebenfalls eine Symbolfigur geworden. Leonardo Boff beschreibt ihn als »westlichen Archetyp des ökologischen Menschen« (Boff 1994: 57 ff).

Der dritte Wegweiser: franziskanische Tradition

Franz von Assisi ist *der* spirituelle Lehrer für unsere Zeit, wenn wir ihn richtig verstehen und seine unbequeme, ja geradezu »wilde« Seite nicht ausblenden. Er gehört zu den Figuren, die vielleicht das Zeug zum Religionsstifter gehabt hätten, aber auch kaum ein Heiliger wurde so verzerrt dargestellt wie er. Das verbreitete Bild von einem naiven Romantiker, der in Armut lebt, mit Tieren und Pflanzen spricht und Sonne, Mond und Sterne besingt, hat nichts mit dem radikalen Mystiker zu tun, der er war. Seine Verkitschung hilft vielleicht, sich die unbequemen und herausfordernden Seiten dieses Heiligen vom Leib zu halten. Kaum ein Heiliger war so radikal wie er, und dennoch hatte kaum einer einen so schnellen Heiligsprechungsprozess wie Franz von Assisi. Die Heiligsprechung in Rekordzeit war auch eine Reaktion auf die große Verehrung des Heiligen im Volk und zudem ein Versuch, diese Verehrung in amtskirchlich geordnete Bahnen zu lenken.

Nur vier Jahre nach seinem Tod wurde Franziskus bereits zur Ehre der Altäre erhoben und es begannen die Bauarbeiten für die Basilika San Francesco, die heute als Grabeskirche das Stadtbild von Assisi prägt. In Wahrheit sind es zwei Kirchen übereinander. In der Krypta unter den beiden Kirchen können die Gläubigen heute am Grab des Heiligen beten. Der prachtvolle Bau steht in gewaltigem Widerspruch zum Lebensstil des Heiligen, der in ihm verehrt wird. Es scheint fast, als bräuchte es so viele Tonnen Stein, um seine Kraft zu bändigen. Als die Basilika 1997 nach einem schweren Erdbeben einstürzte, flüsterte man sich in franziskanischen Kreisen zu, das sei ein himmlisches Zeichen des heiligen Franziskus selbst. Der war zu Lebzeiten den Gefährten »aufs Dach« gestiegen und hatte eigenhändig damit begonnen, ein Haus abzureißen, das in seiner Abwesenheit und gegen seinen Willen gebaut worden war (vgl. 2 Cel 57). Franz von Assisi selbst verbrachte die meiste Zeit in der Natur und auf der Straße und wünschte sich für seine Anhänger einfachste und ärmlichste Behausungen. Sie sollten auf keinen Fall den Eindruck von Größe und Macht erwecken.

Was Franz von Assisi so unbequem macht, erklärt sich, wenn man ihn in den geschichtlichen Zusammenhang stellt. Der Sohn eines reichen Kaufmanns lebte im 12. und 13. Jahrhundert in Mittelitalien. Dort keimte der Frühkapitalismus und brachte ein aufstrebendes Bürgertum hervor. Früher hatten Adel und Klerus das Sagen gehabt. Die Klöster waren jahrhundertelang Zentren der Macht, des Reichtums und der Wissenschaft gewesen. Jetzt emanzipierten sich die reichen Bürger. Ihren materiellen Wohlstand verdankten sie einem ansatzweise globalisierten Handel. Die Städte gewannen immer mehr Einfluss. Sie wuchsen zu neuen Zentren der Wissenschaft heran. In ihren Mauern entstand die Universität, die Wiege der modernen Wissenschaften und der Aufklärung. Franz von Assisi wird also in eine Zeit geboren, in der so etwas wie eine Demokratisierung ihren Anfang genommen hatte. Die Gläubigen – wenn auch zunächst beschränkt auf eine Elite – machten sich Traditionen zu eigen, zu denen sie in der feudalen »Kastengesellschaft« keinen Zugang hatten.

Der gesellschaftliche Wandel spiegelt sich in der Biografie dieses Franz von Assisi. Statt den lukrativen Stoffhandel seines Vaters weiterzuführen, will der reiche Kaufmannssohn anfangs noch Ritter werden, strebt also – wie seine Zeitgenossen – danach, geadelt zu werden und so gesellschaftlich aufzusteigen. Er verzichtet aber überraschend darauf, und nach einer Zeit der

Orientierung und Suche steigt er schließlich ganz aus dem bürgerlichen Leben aus. Er verzichtet auf sein Erbe und zieht als Einsiedler in die Wälder um Assisi. Bald schließen sich ihm Gefährten an. Die Brüder leben bei den Ärmsten, den Aussätzigen, verrichten einfache Arbeiten, und wenn es zum Überleben nicht reicht, gehen sie bettelnd von Haus zu Haus.

Franz von Assisi trifft den Nerv seiner Zeit. Dass aus dem Ausstieg des Tuchhändlers in wenigen Jahren eine Bewegung mit mehreren Tausend Menschen erwächst, die sich über ganz Europa verbreitet, ist nur auf den ersten Blick erstaunlich. Unzählige Armutsbewegungen waren in Europa zuvor schon entstanden. Und das waren nicht nur fromme Büßergrüppchen. Die Kritik und der Widerstand dieser Zusammenschlüsse richteten sich zum Teil offen gegen die kirchlichen Amtsträger, die damit beschäftigt waren, ihren Macht- und Einflussbereich zu verteidigen und auszubauen. Die Bewegungen wurden generell als häretisch verurteilt und ihre Anhänger größtenteils als Ketzer verfolgt. Franz von Assisi hätte leicht in dieses Fahrwasser geraten können.

Franziskus und seine Bewegung standen immer auch unter dem Verdacht, die traditionellen kirchlichen Strukturen zu unterwandern. Um 1217 schreibt Kardinal Jakob von Vitry über die Bewegung: »Diese Gemeinschaft breitet sich gegenwärtig in der ganzen Welt stark aus, weil sie ausdrücklich die Form der Urkirche und das Leben der Apostel nachahmt. Doch scheint uns dieser Orden sehr gefährlich, weil nicht nur vollkommene, sondern auch junge und unvollkommene Brüder, die man noch eine bestimmte Zeit in klösterlicher Zucht hätte schulen müssen, zu zweien in die ganze Welt hinausgeschickt werden« (2 Vitry 1).

Der Kirchenführung kamen Franz von Assisi und seine Anhänger aber sicher auch gelegen als katholische Antwort auf die anderen Buß- und Reformgruppen. Einerseits ließ Franziskus sich für dieses Anliegen gern einspannen, und er betont an vielen Stellen seines Werkes die Katholizität der Bruderschaft. Das erklärt auch den Bestand der franziskanischen Bewegung, die andernfalls schnell in Vergessenheit hätte geraten können – so wie die anderen Gruppen, von denen heute niemand mehr spricht. Andererseits hat Franziskus aber auch zeit seines Lebens versucht, seine Unabhängigkeit zu wahren. So dauerte es einige Jahre, bis die junge Bewegung als Orden anerkannt und eine Ordensregel bestätigt werden konnte. Franziskus hatte sich anfangs gegen jede Form der Institutionalisierung und Einordnung in die kirchliche Hierarchie gewehrt. Seine erste Regelfassung bestand aus ein paar Bibelzitaten. Das war der Kirchenleitung zu wenig. Später ließ sich Franziskus nur widerwillig zum Diakon weihen, weil es für die kirchliche Hierarchie schwer zu akzeptieren war, dass da jemand einen Orden leitete und nicht zum Klerus gehörte. Schließlich zog er sich nach Konflikten um die Ausrichtung der Bewegung aus der Ordensleitung zurück.

Franz von Assisi hat die katholische Kirche verändert, indem er den Blick von der Institution Kirche wieder auf den eigentlichen Zweck ihres Daseins lenkte. Die Menschen sind nicht für die Kirche da, sondern die Kirche ist für die Menschen da, könnte man diese Haltung zusammenfassen – entsprechend dem Wort Jesu über das Sabbatgebot (Mk 2,27). Sie soll als dienende Kirche dabei unterstützen, die Zuwendung und Liebe Gottes zu erfahren. Und Gott ist nicht »oben«, sondern »unten«. Da, wo die Ärmsten sind. Das hatte der reiche Tuchhändler selbst erfahren. Und das ist der Grund, warum Franz von Assisi zu den Aussätzigen ging, um sie zu pflegen und mit ihnen zu leben. Es ist bezeichnend, dass er diese konkrete Erfahrung als den Ausgangspunkt seiner Berufung sieht: »Der Herr selbst hat mich unter sie (die Aussätzigen) geführt, und ich habe ihnen Barmherzigkeit erwiesen« (Test 1).

Die »Kirchenkritik« des heiligen Franziskus ist keine direkte Kritik. Auch in dieser Perspektive wäre die Kirche als Institution ja gewissermaßen wieder Selbstzweck. Seine Kritik ist indirekt. So heißt es in seinem Testament: »Und nachdem mir der Herr Brüder gegeben hatte, zeigte mir niemand, was ich zu tun hatte, sondern der Höchste selbst hat mir geoffenbart, dass ich nach der Form des heiligen Evangeliums leben sollte« (Test 14). Eine solche Aussage im 13. Jahrhundert markiert nichts anderes als einen Perspektivwechsel, der bis in die Reformation hinein weiterwirkte: Die Kirche ist nicht mehr in der Rolle der Verwalterin und Vermittlerin göttlicher Gnade. Sie gestaltet vielmehr den Raum, in dem diese individuelle Erfahrung stattfinden kann.

Für Franziskus war die Kirche das Gefäß, das er nie zerstören wollte. Aber er wusste, dass das Gefäß nicht Selbstzweck ist, sondern es auf die Füllung ankommt. Der Inhalt aber kommt unmittelbar von Gott. Der Ort der Gotteserfahrung ist deshalb auch nicht mehr allein das Kirchengebäude. Gott ist erfahrbar in der Schöpfung, in der Heiligen Schrift, auf der Straße. Auf die Frage, wo denn ihr Kloster sei, antworten die Brüder des heiligen Franziskus in einer Legende deshalb, ihr Kloster sei die ganze Welt (vgl. SC 63).

Franziskus führt damit den Begriff »katholisch« auf seine Wurzel zurück: Katholisch heißt wörtlich übersetzt »allumfassend«. Das ist für Franziskus nicht das Synonym für »heilig« in der Abgrenzung zu allem, was profan ist. Er kennt auch keinen Herrschaftsanspruch, der alles Profane »heilig machen« müsste. Diese Haltung ermöglichte es Franz von Assisi, während des Kreuzzugs in Ägypten zum Sultan Malik-al-Kamil zu gehen und mit ihm einen interreligiösen Austausch zu beginnen. Franziskus hielt gar nichts davon, die Muslime als Ungläubige zu verdammen und den Glauben mit dem Schwert zu verkünden. Er verabscheute die Gewalt, die er im Kreuzfahrerheer erlebte. Wir wissen nicht viel über die Begegnung mit dem Sultan, nur dass sie tatsächlich stattfand und dass der Sultan den unbewaffneten Franziskus und seine Gefährten nicht gleich ermorden ließ, wie man vielleicht im Kontext einer kriegerischen Auseinandersetzung erwarten könnte. Wir wissen aber auch, dass Franziskus nach seiner Rückkehr darauf drängte, die täglichen Rufe des Muezzins zum Gebet auch im christlichen Europa einzuführen. Er schrieb unermüdlich Briefe an kirchliche und weltliche Vertreter, in denen er dafür warb, täglich die Glocken zum Gebet zu läuten. Aus dieser Initiative ging schließlich die bis heute verbreitete Praxis des Angelusläutens hervor. Franziskus schreibt ausdrücklich nicht von einem Konkurrenzläuten gegen die Muslime, sondern von einem Gotteslob, das damit vom »gesamten Volk auf der ganzen Erde« (1 Kust 8) dargebracht werden könne. Das Lob Gottes also als verbindendes Moment zwischen Christen und Muslimen.

»Katholisch« in franziskanischer Perspektive ist dementsprechend eine radikal nichtexklusive Haltung. Sie schließt nichts aus, noch nicht einmal das Negative. Es ist vielleicht die größte Versuchung einer Religion, die Welt in Gut und Böse zu teilen und sich selbst natürlich auf der guten Seite einzuordnen. Eine derartige Spiritualität appelliert immer an das Ego und spaltet den negativen Teil der Wirklichkeit ab. Anders gesagt: Wenn uns etwas an anderen Menschen abstößt, ärgerlich macht oder verbittert, dann ist es meist etwas, das wir in uns selbst befürchten, unterdrücken oder vermeiden. Die Begegnung zwischen Franziskus und den Aussätzigen ist für Franziskus auch eine Begegnung mit den schattenhaften Anteilen in ihm selbst. Franziskus lebt eine Spiritualität, die sich auch mit diesem Teil der Wirklichkeit verbindet in dem Bewusstsein, dass Gott uns gerade in unserer Schwäche oder gar Ohnmacht begegnen will. Franziskus ist radikal: »Jene Dinge, die dich hindern, Gott, den Herrn, zu lieben, und wer immer dir Schwierigkeiten machen mag, Brüder oder andere, auch wenn sie dich schlagen sollten, alles musst du für Gnade halten«, schreibt Franziskus an einen Mitbruder (Min 2). »Und darin liebe sie; du sollst nicht wollen, dass sie bessere Christen seien«, fügt er hinzu (Min 7). Das läuft der Intuition entgegen, alles Schatten- und Schamhafte, Gefürchtete, Vermiedene, Verleugnete und für unwürdig Gehaltene in uns selbst zu verbergen hinter einer Fassade von Kontrolle und – auch institutioneller – Überlegenheit. Psychologisch ausgedrückt geht es hier um »Schattenarbeit«.

Die franziskanische Haltung der *minoritas*, des Minderseins, ist kein Weg unterwürfiger Demut und Selbstverleugnung, sondern sie öffnet sich für die ganze Wirklichkeit, die nie vollkommen, geradlinig und organisiert ist. Es geht gerade nicht darum, sich bloß anzupassen und der Mehrheit anzuschließen, um den Wunsch nach Anerkennung und Bewunderung zu befriedigen. Erst die mitunter schmerzhafte Auseinandersetzung mit dem Schatten und damit die Bereitschaft, sich für die *ganze* Wirklichkeit zu öffnen, schafft echte Verbundenheit und Platz für die Gnade – und das heißt für die Kraft, die es möglich macht, »die ganze Welt in Aufruhr zu bringen« (Apg 17,6).

Die franziskanische Tradition berührt damit den Kern der revolutionären und frohmachenden Botschaft Jesu. Es ist der Kern, der Paulus und die frühen Christen bewegt hat und ebenso immer wieder in der Geschichte des Christentums jene Menschen, die oft als Mystiker bezeichnet werden.

Der vierte Wegweiser: Mystik

Bedauerlich an der Mystik ist, dass viele darunter etwas »Mystisches« verstehen. Eine Fähigkeit oder gar Begabung, die vielleicht nur in besonderer Weise Auserwählten zukommt oder solchen Menschen, die die Zeit hatten, sehr lange dafür zu trainieren. Die religiösen Institutionen verstärken diesen Eindruck noch, weil sie dazu neigen, die Aufmerksamkeit auf das Äußere zu lenken. Dann stehen Regeln, Traditionen, die Heilige Schrift oder auch Ämter und Autoritäten im Vordergrund und nehmen mehr Raum ein als die innere Erfahrung. Das Gefäß ist aber – wie gesagt – nicht Selbstzweck, sondern will gefüllt werden mit einer eigenen, unmittelbaren und von niemandem vermittelten Erfahrung von Gott. Viele Christen haben gelernt, alles »richtig« zu machen, aber sie sind wahrscheinlich nie ermutigt worden, auf ihr Inneres zu hören. Die Folge ist, dass sie sich nur über äußere Werte identifizieren. Die innere Erfahrung Gottes, für die das Gefäß da ist, gerät aus dem Blickfeld oder gänzlich in Vergessenheit. Unsere ganze westliche Kultur ist von dieser Art von innerem

Mangel geprägt. Viele – vor allem Männer – investieren gern Zeit und Kraft in irgendeine Ausprägung von Geld, Sex oder Macht. Nimmt man ihnen das, tut sich eine erschreckende Leere auf. Hinter der manchmal sehr harten Schale wirken sie dann innerlich unbeteiligt und passiv. Nichts ist mehr heilig. Wir leben in einer Welt, in der viele Menschen schließlich annehmen, es gebe gar nichts Göttliches mehr und schon gar keinen Gott, den man erfahren und der das Gefäß ausfüllen könnte.

Jeder Mensch kann ein Mystiker sein. Der Psychologe Abraham Maslow fand heraus, dass psychisch gesunde Menschen zu mystischen Erfahrungen tendieren und dass das ihre Gesundheit fördert. Diese Erfahrungen müssen gar nichts mit Religion zu tun haben, sondern sind für Maslow sogenannte »Gipfelerlebnisse«: »Sie entstammten den großen Augenblicken von Liebe und Sex, den großen ästhetischen Augenblicken (insbesondere Musik), den Ausbrüchen von Kreativität und kreativem Furor (der großen Inspiration), den großen Augenblicken der Einsicht und der Entdeckung, bei Frauen dem Erleben einer natürlichen Geburt – oder der bloßen Liebe zu den Kindern, den Augenblicken der Verschmelzung mit der Natur (im Wald, an einer Küste, auf den Bergen etc.).« Maslow spricht von einem plötzlichen »Stolpern in den Himmel« (Maslow 2014: 17 f). Die heutige Sehnsucht nach Mystik zielt oft genau auf solche Gipfelerlebnisse. Da ist die Vorstellung eines Zustandes, in dem Schmerz und Leid enden und nur noch Ruhe, Friede und Glück herrschen. Aber dort lauert ein Missverständnis.

Mystik ist auch die Innenseite der Religion. Der jüdische Religionshistoriker Gershom Scholem sagt: »Es gibt nicht Mystik an sich, sondern Mystik von etwas, Mystik einer bestimmten religiösen Form: Mystik des Christentums, Mystik des Islams, Mystik des Judentums und dergleichen« (Scholem 1980: 6). Für Scholem ist sie an ein »bestimmtes Stadium des religiösen Bewusstseins gebunden«. Im ersten Stadium ist die Welt selbst göttlich. Es bedarf keiner Mystik, weil alles als mit allem verbunden erlebt wird. Gefäß und Füllung sind quasi eins. Diesem ersten, kindlichen Stadium folgt ein zweites, in dem das Bewusstsein der Polarität durchbricht: das Profane im Unterschied zum Heiligen. Hier der Mensch, dort Gott. Hier ich, dort die anderen. In diesem Stadium entsteht überhaupt erst das, was wir Religion nennen. Denn ohne Trennung bedürfte es keiner *religio*, einer Wiederverbindung, Heilung, Erlösung.

Die Mystik kommt erst dann. Sie ist ein drittes Stadium und »sie sieht den großen Abgrund, ja sie nimmt überhaupt ihren Ausgang von dessen Erfahrung«, sagt Gershom Scholem. »Sie sucht im vollen Bewusstsein dieser Kluft ein Geheimnis und einen Weg, der sie schließt« (ebd.: 8 f). Die Mystik sieht das Verbindende, ohne das Trennende zu übersehen. Alles ist vereint in der Verschiedenheit. Wie auch immer dieses Verbindende genannt werden mag – das Sein, die Weltenseele etc. –, für Christen ist es der lebendige Gott. Mystik ist die Erfahrung, »in« Gott geborgen zu sein mit unserer individuellen Ausformung. Das meint Meister Eckhart, wenn er sagt: »Gott und ich, wir sind eins« (Predigt 6).

Die mystische Erfahrung, die ich meine, bringt also keine Sorglosigkeit oder Selbstvergessenheit. Sie ist vielmehr das Ende der Sorglosigkeit und der Beginn der Selbsterkenntnis. Sie lässt uns, weil sie die Wunder der Natur erfasst, auch ihre Endlichkeit wahrnehmen. Sie lässt uns, weil sie die Verbindung mit Gott ist, unser Abgetrenntsein, unsere Einsamkeit und unsere Ohnmacht spüren. Die mystische Erfahrung ist also nicht nur das erstrebenswerte Ziel, das »Heimkommen«, nach dem sich viele sehnen und an dem sie »arbeiten«. Die mystische Erfahrung ist vielmehr der Anfang eines Weges, der Beginn des Abenteuers. Sie versetzt uns in die Lage, den Weg nach Hause überhaupt anzutreten. Mit ihr und durch sie keimt die Sehnsucht. Sie weckt unsere Erinnerung an den Ursprung, der zugleich unser Ziel ist. Die mystische Erfahrung ist das Erwachen aus dem Schlaf. Sie versetzt uns in die Lage, uns selbst zu erkennen mit den Geschichten und Prägungen, die wir im Gepäck haben und die uns zu dem gemacht haben, was und wer wir sind. Die mystische Erfahrung ermöglicht, dass wir nicht länger Opfer unseres individuellen »Gestrüpps« sind, sondern unser Leben mit all seinen Herausforderungen in die Hand nehmen können.

Die mystische Erfahrung lässt uns die Welt sehen, wie Gott sie sieht. Sie verbindet uns mit unserem »wahren« Selbst. Aber sie lässt so auch unser Ego deutlicher erkennen. Wir betrachten die Wirklichkeit immer durch die Brille unserer Persönlichkeit. Deshalb nehmen wir zunächst an, alle würden die Welt genau so sehen wie wir. Aus dieser Annahme entspringt die Vorstellung, wir hätten automatisch auch ein Recht darauf, verstanden zu werden. Und wenn wir erfahren, dass das nicht so ist, kann es sein, dass wir anfangen, unsere Brille zu verteidigen, um die Einsamkeit zu überwinden. Dann werden wir dogmatisch und ideologisch. Mystik ist eine innere Erfahrung, die uns ohne Brille sehen lässt und all unsere Konzepte von uns selbst oder irgendwas übersteigt.

Es wäre aber ein Irrtum zu glauben, das Ego ließe sich einfach abstreifen. Es geht auch nicht darum, sich selbst zu »überwinden«. Wir können gar nicht ohne Konzept leben. Einige wenige spirituelle Meister mögen diesen Zustand erreichen. Mystik ist aber eben kein Zustand, auch nicht ein Zustand der Konzeptlosigkeit. Das ist ein Missverständnis, bei dem Ziel und Weg verwechselt werden. Die mystische Erfahrung ermöglicht uns, unsere Konzepte von uns, von anderen und von den Dingen um uns herum wahrzunehmen und so auch immer neu zu überprüfen und zu verändern. Die Konzepte – und unsere Persönlichkeit ist so ein Konzept – sind wie Trittsteine im heiligen Fluss des Seins. Die mystische Erfahrung lässt uns den Fluss erkennen. Wir können uns dann von einem Trittstein lösen und zum nächsten weiterbewegen. Diese Wachstumsbewegung ist es, worauf Religion im Kern zielt und bei der die religiöse Tradition hilfreich sein kann, weil sie die Erfahrung derer aufbewahrt, die vor uns durch den heiligen Fluss gegangen sind.

Für einige mag das eine enttäuschende Erkenntnis sein: Die mystische Erfahrung bringt uns einfach in Kontakt mit dem Jetzt und Hier. Nicht mehr und nicht weniger. Das führt ja auch das Märchen vom Furchtlosen pointiert vor Augen. Mystik ist kein finaler, glückseliger Zustand, sondern bewirkt gerade eine intensive Erfahrung der Spannung, von der das Leben bestimmt ist. Mystik ist – um mit Jesus zu sprechen – die Erfahrung des Reiches Gottes jetzt und hier: »Als Jesus von den Pharisäern gefragt wurde, wann denn das Reich Gottes komme, antwortete er: Das Reich Gottes kommt nicht so, dass man es an äußeren Zeichen erkennen könnte. Man kann auch nicht sagen: Seht, hier ist es! oder: Dort ist es! Denn: Das Reich Gottes ist mitten unter euch« (Lk 17,20–21). Wörtlich heißt es im Griechischen sogar »inwendig in euch«. Die mystische Erfahrung ist eine Voraussetzung, um an der Spannung und den Spannungen des Lebens nicht zu verbittern, sondern sie in Lebendigkeit zu verwandeln.

Der fünfte Wegweiser: Kontemplation und Aktion

Spirituell reife Menschen wirken inspirierend, kraftvoll und positiv, aber ohne Anstrengung. Man erkennt sie an einer Leichtigkeit, die Schwierigkeiten und Schatten nicht zudecken oder leugnen muss. Oft sind es überraschenderweise gerade Menschen, die Schlimmes durchmachen mussten, die eine bemerkenswerte Verbundenheit, Realismus und tiefen Frieden ausstrahlen. Es ist, als ob sie Zugang hätten zu einer dritten Kraft jenseits von »es ist alles gut« oder »es ist nichts gut«. Gerade solche Menschen finden oft überraschende Lösungen für unlösbar gegensätzlich scheinende Probleme. Vielleicht, weil sie die Erfahrung gemacht haben, dass sich ein Problem niemals ganz lösen lässt, indem man die Widerstände eliminiert oder Widersacher zum Schweigen bringt. Das Glas kann für sie in gewisser Weise halb leer und halb voll zugleich sein. Oder biblisch gesprochen: »Das Licht leuchtet in der Finsternis, und die Finsternis hat es nicht erfasst« (Joh 1,5).

Die Haltung solcher Menschen ist das, was die christliche Tradition »kontemplativ« nennt. Der Begriff Kontemplation bedeutet wörtlich »Betrachtung«. Man könnte also sagen: Ein wahrhaftiger, liebevoller Blick auf das, was wirklich ist. Alles so anzunehmen, wie es ist, bedeutet nicht, einfach tatenlos zuzusehen. Kontemplation ist untrennbar verbunden mit Aktion. Es ist ein Wechselspiel, ein Balance-Akt. Ein Tanz. Aktion meint die klare Entscheidung für ein Einmischen und ein Engagement in der Welt, denn die Sorgen des Lebens erfordern verantwortliches Handeln. Kontemplation schließt die Bereitschaft ein, über das eigene Ego hinauszuschauen. Die Abhängigkeit vom eigenen Image ist immer auch eine Abhängigkeit von der Vorstellung, die wir uns von der Welt machen. Gott in der Wirklichkeit zu suchen schließt die Annahme ein, dass alles auch ganz anders sein könnte, und sich genau dafür einzusetzen.

Kontemplation und Aktion bilden eine Spannungseinheit. Das zeigt die Geschichte von Maria und Marta (Lk 10,38–42). Marta schmeißt den Haushalt, während ihre Schwester Maria sich Jesus zu Füßen setzt und seinen Worten lauscht. Marta kann mit der Aktion identifiziert werden, Maria mit der Kontemplation. Natürlich gibt es zu denken, dass gerade Marta sich beschwert und Jesus ihr widerspricht und sagt, Maria habe »das Bessere« erwählt. Wohlgemerkt: Die Geschichte will nicht Kontemplation höher bewerten als Aktion, sondern warnt vor Aktionismus. Es ist bezeichnend, dass Jesus kurz vorher die Geschichte vom barmherzigen Samariter erzählt (Lk 10,25–37). Der hilft dem Verwundeten am Wegesrand, der – von Räubern überfallen – »halbtot« da liegt. Andere waren vorübergegangen, der Samariter nicht. Vielleicht will Jesus darauf hinweisen, dass nicht unsere Taten an sich »gut« sind, sondern dass es auf die Haltung ankommt. Aktion kann kontemplativ sein, wenn sie das Wesentliche, das Notwendige und das Mögliche in den Blick nimmt. Marta steht dagegen in Gefahr, dem zu verfallen, was man heute einen Helferkomplex nennt. Ihr Motiv ist narzisstisch.

Viele verwechseln eine kontemplative Haltung mit kontemplativen Techniken. Die zielen traditionell darauf, diese Haltung

Der fünfte Wegweiser: Kontemplation und Aktion

einzuüben. Christliche Techniken der Kontemplation sind in der westlichen Welt nicht mehr populär. Das mag daran liegen, dass sie schlicht in Vergessenheit geraten sind, wie das Herzensgebet. Oder sie werden – wie der Rosenkranz – von Traditionalisten als »Waffe im Kampf« gegen alles Moderne vereinnahmt und daher von den anderen umso mehr gemieden. Währenddessen haben sich die asiatischen Formen wie Zen-Meditation oder auch Yoga in den vergangenen Jahrzehnten stark verbreitet. Allerdings sind sie sozusagen religiös und kulturell entkernt. Zen-Meditation wird als Technik zum Beispiel in der Schmerztherapie eingesetzt. Yoga ist für die meisten einfach ein Sport und dient der Bewegung und Entspannung. Welche religiöse Lehre jeweils dahinter steht, spielt keine Rolle. Kontemplative Techniken zielen in der westlichen Kultur nämlich überhaupt nicht mehr auf mystische Erfahrung, schon gar nicht, wie ich sie oben beschrieben habe. Eine »Mystik der offenen Augen«, die nicht nur die eigenen, verdrängten Schattenanteile, sondern womöglich auch noch den Schmerz und das Leid der anderen sichtbar macht, fasziniert in der westlichen Kultur kaum jemanden.

Das Mainstream-Credo im Dienst der Selbstoptimierung und Leistungssteigerung lautet nicht Mystik, sondern Askese. Die westliche Welt hat sich regelrecht in ein asketisches Trainingslager verwandelt. Da wird auf Nahrung verzichtet (Diät), da wird der Körper gezüchtigt (Sport und Fitness), da werden Schlaf, Zeit und Familie höheren Zielen geopfert (Karriere) und die kontemplativen Techniken stehen im Dienst dieser umfassenden Selbstoptimierung, wenn sie die mit ihr einhergehenden Stress- und Überforderungssymptome beseitigen.

Jesus hat keine kontemplativen Techniken gelehrt und hatte

auch kein asketisches Programm, ja, er wurde von seinen Gegnern sogar als »Fresser und Säufer« (Mt 11,19; Lk 7,34) verhöhnt. Natürlich hat er gebetet, meditiert, sich in die Einsamkeit, ja sogar in die Wüste zurückgezogen und dort gefastet, und er pflegte offenbar einen einfachen Lebensstil, wenn man davon ausgehen kann, dass er so gelebt hat, wie er es von seinen Jüngern gefordert hat: »ohne Geldbeutel ..., ohne Vorratstasche und ohne Schuhe« (Lk 22,35). Nur war das nicht der Inhalt seiner Botschaft. Jesus verkündete das Reich Gottes, sonst nichts. Ein Reich, das nicht von uns geschaffen werden kann und muss, sondern schon da ist. Hier und jetzt.

Jesus predigt nicht Askese, sondern bietet uns eine Initiation an. Bei dieser Initiation geht es weniger darum, etwas zu lernen, sondern vielmehr darum, etwas zu verlernen: All das, was uns hindert, ins Reich Gottes einzugehen, muss sterben. Jesus wusste offenbar, dass asketische Übungen und jede Art von guten Taten unseren Narzissmus nähren können, statt uns in die Wirklichkeit zu ziehen.

Diese Wirklichkeit hat immer zwei Seiten: Sommer und Winter, Tag und Nacht, Licht und Dunkel, Freude und Schmerz, Erfolg und Scheitern. Solange wir nicht lernen, beide Teile als Einheit zu betrachten, werden wir vor der Wirklichkeit davonlaufen. Alles kann dann eine Vermeidungsstrategie sein, selbst die heldenhafteste Tat und die beeindruckendste Askeseleistung. Deshalb ist das inszenierte Scheitern, der Verlust, der Tod des Ego Bestandteil so vieler spiritueller Lehren und praktisch aller archaischen Initiationsriten. »Unser fehlendes Training in Trauerarbeit und Loslassen sowie die Unfähigkeit, uns dem größeren Leben anzuvertrauen, sind der Grund für unsere ganze spirituelle Krise«, sagt Richard Rohr. Zu lernen gilt es, »das Vergängliche loszulassen, damit wir das Wesentliche ergreifen können. Wer aber das Loslassen nicht lernt, wird sich an alle möglichen falschen Dinge klammern, besonders an das eigene Selbstbild und die angeblichen Sicherheiten« (Rohr 2005: 21). Deshalb sagt Jesus: »Wer mein Jünger sein will, der verleugne sich selbst, nehme täglich sein Kreuz auf sich und folge mir nach« (Lk 9,23). Paulus drückt es später so aus: »Ich bin mit Christus gekreuzigt worden; nicht mehr ich lebe, sondern Christus lebt in mir« (Gal 2,19–20).

Diese Spiritualität Jesu und die christliche Tradition sind vom Ursprung her initiatorisch. Wir könnten ganz von selbst drauf kommen, weil es um etwas Universelles und Natürliches geht. Das Leben und seine Kreisläufe selbst initiieren uns, denn alles finden wir in der Natur: Tod und Auferstehung, Vergehen und Wiederkommen. Das Christentum ist in Wahrheit keine Lehre, sondern eine Lebensweise. Sie ist »barfuß und wild« – und das meint nichts anderes als aktiv und kontemplativ. Barfuß in der Aktion, das bewahrt vor Aktionismus oder Geschäftigkeit. Das macht empfindlich und empfindsam. Nicht immer kann etwas getan werden. Es kann ein wesentlicher Anfang sein, einen Missstand, eine Ungerechtigkeit und den eigenen Schmerz überhaupt wahrzunehmen und anzunehmen und das zum Ausdruck zu bringen. »Wild« in der Kontemplation, das bewahrt vor der Flucht in eine perfekte innere Scheinwelt und vor der Nabelschau. Die Begegnung mit dem »wilden« Gott als dem ganz Anderen und Fremden bewahrt vor dem Irrtum, alles kontrollieren zu können. Loslassen hat gerade mit Kontrollverlust zu tun. Wer loslässt, wird gehalten.

VATER

Gott schuf also den Menschen als sein Abbild …
Als Mann und Frau schuf er sie.
GEN 1,27

Wie zahlreich sind deine Werke.
Mit Weisheit hast du sie alle gemacht,
die Erde ist voll von deinen Geschöpfen.
PS 104,24

Die Vorstellung der Ursünde ist der jüdischen Tradition
fremd.
ELIE WIESEL

So ist die Erde gleichsam die Mutter der verschiedensten
Arten, weil alles, was nur immer Gestalt und Leben irdischer
Natur hat, sich aus ihr erhebt und da schließlich selbst der
Mensch, der mit der Vernunft und dem Geist des Verstehens
beseelt ist, aus der Erde geschaffen wurde.
HILDEGARD VON BINGEN

Gelobt seist du, mein Herr,
durch unsere Schwester Mutter Erde.
FRANZ VON ASSISI

Ich habe schon manchmal gesagt, Gott erschaffe diese ganze Welt voll und ganz in diesem Nun. Alles, was Gott je vor sechstausend und mehr Jahren erschuf, als er die Welt machte, das erschafft Gott jetzt allzumal.
MEISTER ECKHART

Man sollte sich mit dem Universum selbst identifizieren.
SIMONE WEIL

Himmel und Erde sind in uns.
MAHATMA GANDHI

Begegnung mit dem wilden Gott

Der Gott der Bibel ist ein wilder Gott. An keiner Stelle der Heiligen Schrift wird das wohl eindrucksvoller greifbar als im Dialog zwischen Gott und Hiob (Ijob). In kurzer Folge hatten ihn, der sich nie etwas hatte zuschulden kommen lassen, etliche Schicksalsschläge ereilt: Er verliert seinen ganzen Besitz, seine zehn Kinder und schließlich auch noch seine Gesundheit. Das Leid Hiobs stellt eine uralte Logik infrage: Dem Gerechten geht es gut, der Gottlose leidet. Hier aber leidet der Gerechte. Hiobs Leid ist grundlos, abgründig, unverschuldet, einfach erlitten. Wie kann ein Gott gut sein, der einem Menschen all dieses Leid zumutet?

Im 38. Kapitel schließlich begegnet Hiob einem Gott, der ihn auffordert: »Auf, gürte deine Lenden wie ein Mann: Ich will dich fragen, du belehre mich!« Und es beginnt ein großer Fragereigen über die Geheimnisse der Schöpfung:

> Wo warst du, als ich die Erde gegründet? Sag es denn, wenn du Bescheid weißt! Wer setzte ihre Maße? Du weißt es ja. Wer hat die Messschnur über ihr gespannt? Wohin sind ihre Pfeiler eingesenkt? … Wer verschloss das Meer mit Toren, als schäumend es dem Mutterschoß entquoll, als Wolken ich zum Kleid ihm machte, ihm zur Windel dunklen Dunst … Hast du je in deinem Leben dem Morgen geboten, der Morgenröte ihren Ort bestimmt …? Haben dir sich die Tore des Todes geöffnet, hast du die Tore des Todesschattens geschaut? … Wo ist der Weg zur Wohnstatt des Lichts? Die Finsternis, wo hat sie ihren Ort …? Erjagst du Beute für die

> Löwin, stillst du den Hunger der jungen Löwen, wenn sie sich in Höhlen ducken, im Dickicht auf der Lauer liegen? Wer bereitet dem Raben seine Nahrung, wenn seine Jungen schreien zu Gott und umherirren ohne Futter? Kennst du der Steinböcke Wurfzeit, überwachst du das Werfen der Hirsche? ... Kommt es von deiner Einsicht, dass der Falke sich aufschwingt und nach Süden seine Flügel ausbreitet? (Ijob 38,4–39,26)

Hiob ist zuerst sprachlos, doch der Blick in die Natur wird für ihn schließlich zur Gotteserfahrung: »Vom Hörensagen nur hatte ich von dir vernommen; jetzt aber hat mein Auge dich geschaut« (Ijob 42,5). Das ist kein »lieber Gott«, dem Hiob hier in der tiefsten Ratlosigkeit begegnet. Es ist ein »wilder Gott«, der nicht begriffen werden kann, sondern von dem Hiob ergriffen wird. Der ihn ergreift inmitten aller Katastrophen. Diese Begegnung wendet schließlich die Geschichte, und Hiob verbringt den Rest seines Lebens als Gesegneter. Innerlich und äußerlich. Er wird gesund. Sein Besitz verdoppelt sich. Er wird wieder Vater und dann Großvater.

Zu viel wird allenthalben vom »lieben Gott« gesprochen und zu wenig vom »wilden Gott«. Und die meisten Gläubigen lässt die Vorstellung von einem wilden Gott wohl auch eher naserümpfend zurückweichen. Bei Wildnis denken sie vielleicht an launische Gesetzlosigkeit, rücksichtslose Geilheit und zerstörerische Gewalt. Das sind tatsächlich keine erstrebenswerten Eigenschaften, und sie haben mit der Wildheit Gottes, die Hiob erfuhr, auch nichts zu tun. Ein wilder Gott? Das passt einfach nicht zur verbreiteten Vorstellung von einem übernatürlichen Wesen, das nicht chaotisch ist, sondern Ordnung hält. Das nicht irdisch ist, sondern himmlisch. Nicht schmutzig, sondern rein. »Wildnis« als vermeintliches Chaos ist ja für viele geradezu das Gegenteil von einem Zustand der Vollkommenheit. Diese negative Bewertung von allem »Wildfremden« hat in den vergangenen Jahrhunderten unser Selbst- und Weltbild bestimmt. Spätestens seit der Aufklärung lautet in der westlichen Kultur die alles bestimmende Devise, jegliches Nichtmenschliche und Ungezähmte als das zu Überwindende zu betrachten und Stück für Stück in Zivilisation zu verwandeln.

Die ersten Spuren dieses »wilden Gottes« finden sich gleich auf den ersten Seiten der Bibel. Alles von ihm und nicht vom Menschen Geschaffene ist Wildnis. Interessanterweise bewahrt die Heilige Schrift aber zwei sehr verschiedene Schöpfungserzählungen.

Mensch, wo bist du? (Gen 3,9)

In der ersten Schöpfungserzählung (Gen 1,1–2,4) mag noch alles wohlgeordnet und geplant erscheinen. Gott ist der allmächtige Schöpfer, der von außen die Prozesse und Abläufe lenkt. Die sieben Schöpfungstage symbolisieren die Vollkommenheit des gesamten kosmischen Gefüges. Der Mensch erhebt sich abschließend als das krönende Werk Gottes. Er erhält den Auftrag, die Erde zu bevölkern und zu unterwerfen und über alle Lebewesen zu herrschen (Gen 1,28). Dieser Text wurde in den vergangenen Jahrhunderten geradezu als Aufforderung und Rechtfertigung verstanden, im Namen des Fortschritts die Ressourcen der Natur auszubeuten und ihre Grundlage zu zerstören. Längst ist klar, dass das ein Irrweg ist, und es »ist keine korrekte Interpretation der Bibel«, wie Papst Franziskus klarstellt (LS 67).

Die zweite Schöpfungserzählung (Gen 2,4–4,16) nimmt einen ganz anderen Verlauf. Gott formt zuerst den Erdling aus Erde vom Ackerboden. Hier tritt ein Schöpfer auf, der sich die Finger schmutzig macht. Außerdem – so scheint es – geht dieser Gott nicht vorausschauend und allwissend ans Werk. Stattdessen arbeitet er in dieser Geschichte offenbar nach der Methode »trial and error«. Er führt zuerst allerlei Tiere vor den Erdling, denen dieser Namen gibt. Es ist die Suche nach einem passenden Gegenüber, denn »es ist nicht gut, dass der Mensch allein bleibt« (Gen 2,18). Kein Zweifel: Dieser Gott weiß nicht alles im Voraus, sondern er experimentiert. Die finale Operation mit der Rippe ist ein weiterer Beleg dafür: Bereits Geschaffenes ist nicht vollkommen, sondern wird verändert und weiterentwickelt. Gott hätte Eva ja andernfalls auch gleich miterschaffen können und wahrscheinlich auch ebenso effektiv zu verhindern gewusst, dass die beiden später vom Baum der Erkenntnis naschen. Mit diesem experimentellen Vorgehen erreicht der Schöpfer in der Geschichte dennoch sein Ziel: Adam bekommt ein ebenbürtiges Gegenüber, »Bein von meinem Bein und Fleisch von meinem Fleisch« (Gen 2,23). Damit schließt sich auch der Kreis zur ersten Schöpfungserzählung: Die Menschen sind hier wie dort »als Mann und Frau« gemeinsam und gleichberechtigt ein »Abbild Gottes« (Gen 1,27). Dass aus dieser Episode mit der Rippe jahrhundertelang ein angeblich naturgemäßer Vorrang des Mannes gegenüber der Frau begründet wurde, ist mit dem Text selbst nicht zu vereinbaren.

Das ordnende Handeln Gottes in der ersten Erzählung (Gen 1,1 – 2,4) steht also scheinbar im Widerspruch zur zweiten (Gen 2,4 – 4,2), wo Raum ist für unvorhergesehene Ereignisse wie den mysteriösen Vorfall, in den Adam und Eva verwickelt werden und der als »Sündenfall« in die Geschichte eingegangen ist. Allerdings wird in der biblischen Episode von Adam und Eva das Wort Sünde überhaupt nicht verwendet. Dieser Befund ist nicht ganz nebensächlich in Anbetracht einer Tradition, für die die Sünde geradezu zum Schlüssel der ganzen Geschichte geworden ist. Das Wort wird erst später in den Text geschmuggelt in Form einer Zwischenüberschrift: Mit den Worten »Der Sündenfall« trennt zum Beispiel die Lutherbibel das zweite und dritte Kapitel und setzt dem Leser damit eine Brille auf, durch die dann alles Folgende betrachtet werden muss.

Die Geschichte vom vermeintlichen Sündenfall geht so: Nach der Erschaffung der Welt lebten Adam und Eva in einem Garten. Das griechische Wort Paradies bedeutet übrigens nichts anderes als genau das: ein Garten. Sie waren nackt, aber sie schämten sich nicht dafür, heißt es. Gott hatte zu Adam und Eva gesagt, sie würden beide sterben, wenn sie Früchte vom Baum der Erkenntnis essen würden. Eva hatte sich aber von der Schlange in ein Gespräch darüber verwickeln lassen. Die Schlange behauptete, Gott habe gelogen. Sie würden gar nicht sterben, sondern sehend werden wie Gott und Gut und Böse unterscheiden können. Eva nimmt von der Frucht, auch Adam probiert, und prompt gehen ihnen die Augen auf. Sie erkennen, dass sie nackt sind. Um die Schamgefühle zu lindern, knüpfen sie sich Feigenblätter und bedecken ihre Blöße.

Die Nacktheit und die Scham rein sexuell zu deuten, entspricht nicht dem Wortlaut des Textes. Schon gar nicht stellt der Erzähler Sexualität als Folge eines Sündenfalls und damit selbst als Übel dar. Der Mensch ist von Anfang an als sexuelles Wesen geschaffen, nämlich als »Mann und Frau« (Gen 1,27). Als Adam und Eva den Paradiesgarten verlassen, bekommen sie miteinander Kinder. Und obwohl das Gebären mit Schmerzen verbunden ist, ruft Eva voll Freude aus, sie habe ein Kind »vom Herrn« empfangen (Gen 4,1). Sexualität wird also ganz unmissverständlich als mit dem Göttlichen verbunden dargestellt. Und trotz all der Vorkommnisse scheint die Beziehung der beiden Menschen zueinander und zu Gott immer noch intakt zu sein. Von Schuldgefühlen und Verdammnis spürt man hier nichts. Worum geht es dann?

Die Bibel selbst wertet das Geschehen um Adam und Eva gar nicht moralisch. Am Ende des zweiten Kapitels heißt es, Adam und Eva waren »nackt«. Am Anfang des dritten Kapitels heißt es, die Schlange war »schlauer« als die anderen Tiere. Die Worte »nackt« (*arom*) und »schlau« (*arum*) sind im hebräischen Text nahezu identisch. Diese Verbindung wird in den Übersetzungen nicht sichtbar, und dazu kommt später auch noch die erwähnte Zwischenüberschrift, die das zweite und das dritte Kapitel trennt. Tatsächlich aber will der Erzähler hier offenbar zwischen der Nacktheit des Menschen und dem Wissen der Schlange eine feine Verbindung knüpfen. Die Kenntnis über diese Verbindung kann uns helfen, von einer moralisierenden Interpretation Abstand zu gewinnen.

Die Nacktheit der Menschen wird in der Geschichte zum Symbol der Selbstwahrnehmung. Adam und Eva erkennen ihre Nacktheit und damit ihre Individualität, aber auch ihre Verletzlichkeit und Endlichkeit. Die Scham ist gewissermaßen Symptom eines neuen Bewusstseins. Für den Philosophen und Psychologen Erich Fromm ist diese Szene ein Sinnbild der menschlichen Existenz: »Leben, das sich seiner selbst bewusst ist« (Fromm 2011a: 20). Das Paradies symbolisiert für Fromm entwicklungspsychologisch den »Zustand des ursprünglichen Einsseins mit der Natur« (ebd.: 19). Die Erkenntnis über sich und die umgebende Welt macht das Menschsein aus. Wir alle durchlaufen diesen Entwicklungsprozess als Kind und Heranwachsender vom Einssein mit der Mutter zum Ich-Bewusstsein und schließlich zu einer abstrakten Vorstellung von der Welt und ihren Möglichkeiten und Begrenzungen, zu denen auch die Wirklichkeit des Todes gehört. Die traditionelle Vorstellung, durch den Sündenfall sei der Tod in die Welt gekommen, bleibt hinter der Aussagekraft der Erzählung zurück. Der Tod wäre ja demnach bloß eine Art Strafe. Nichts im Text deutet aber darauf hin, dass Adam und Eva oder irgendein anderes Geschöpf vor dem »Fall« unsterblich gewesen seien. Der Mensch (*adam*), gemacht aus Erde (*adamah*), ist als Erdling geradezu ein Sinnbild der aller Schöpfung innewohnenden Vergänglichkeit. Wenn der Tod schon existiert, kann er aber nicht Strafe sein. Wenn überhaupt, dann hat der vermeintliche Sündenfall das Bewusstsein über den Tod in die Welt gebracht oder vielmehr die Angst vor dem Tod, eine Entfremdung des Lebens von seinem natürlichen Ende. (Dementsprechend hat Jesus nicht Sterben und Tod abgeschafft. Er hat die Dinge wieder ins rechte Verhältnis gesetzt und der Angst vor dem Tod die Macht über das Leben der Menschen genommen.)

Die neu gewonnene Erkenntnis von Gut und Böse, von der die Bibel erzählt, ist im Grunde nichts anderes als ein Bewusstsein über die Polarität, die der gesamten Schöpfung innewohnt. So, wie die Sonne auf- und wieder untergeht, wie Tag und Nacht, Sommer und Winter den äußeren Lauf der Dinge bestimmen, so gehört das Dunkle, der Schatten, als Wirklichkeit zum Leben. Wie die Nacht und der Winter unsere Fähigkeit zur Vorsorge und Klugheit herausfordern, so fordert alles Dunkle in uns – und die Möglichkeit zum Bösen als innere Realität – ebenso unsere Fähigkeit zum Widerstand, zur Heilung und Versöhnung und zum Frieden heraus.

Es sind nicht Schuldgefühle, die Adam und Eva Angst machen, sondern es ist dieses neue Bewusstsein: »Da geriet ich in Furcht, weil ich nackt bin« (Gen 3,10), wird Adam später sagen. Adam und Eva sind durch die Veränderung offensichtlich verunsichert. Das gewonnene Selbstbewusstsein birgt zugleich eine Erfahrung des Abgetrenntseins in sich: »Das tiefste Bedürfnis des Menschen ist …, seine Abgetrenntheit zu überwinden und aus dem Gefängnis seiner Einsamkeit herauszukommen«, sagt Erich Fromm (ebd.: 23). Das geht allerdings, so Fromm, nicht rückwärts ins Paradies zurück, sondern nur vorwärts: »Der Mensch kann nur vorwärtsschreiten, indem er seine Vernunft entwickelt, indem er eine neue, eine menschliche Harmonie findet anstelle der vormenschlichen Harmonie, die unwiederbringlich verloren ist.«

Die Erzählung von Adam und Eva endet ja nicht mit der Angst und dem Getrenntsein. Adam und Eva verstecken sich zwar vor Gott; genau in diese Situation richtet der aber die Frage: »Mensch, wo bist du?« (Gen 3,9). Adam und Eva bleiben nicht in ihrem Versteck, sondern zeigen sich. Nacheinander erzählen sie, was geschehen ist – nicht mehr und nicht weniger. Wer die Schuldbrille auf der Nase hat, wird in diesem Gespräch hören, wie sich alle herausreden und gegenseitig beschuldigen: Adam beschuldigt Eva und Eva schließlich die Schlange. Wer ohne diese Brille an den Text herangeht, erlebt einfach einen Austausch über die Wahrheit. So ist es passiert. Mit der Frage »Wo bist du?« beginnt in jedem Fall ein Dialog Gottes mit dem Menschen – so sieht es die jüdische Auslegungstradition. Ein Dialog auf Augenhöhe und damit ein Ausdruck der menschlichen Gottebenbildlichkeit. Adam und Eva haben demnach keineswegs Verdammnis in die Welt gebracht. Mit ihnen beginnt vielmehr die große Geschichte von Gott, Mensch und Welt, die in den biblischen Schriften erzählt wird. Der Schritt in diese Geschichte ist, so betrachtet, kein Sündenfall, sondern ein Schritt der Reifung, so unangenehm er auch sein mag. Nur so macht es Sinn, dass Christen in der Osternacht von einer »glücklichen Schuld« dieses mythologischen Menschenpaares singen. Diese »Schuld« hat, wenn man so will, die ganze Geschichte, in der wir stehen, überhaupt erst möglich gemacht. In der persönlichen Entwicklung jedes Menschen spiegelt sich gewissermaßen die universale Entwicklung alles Lebendigen. Die ganze Schöpfung liegt in »Geburtswehen« (Röm 8,22). Alles reift heran. Die Schöpfungserzählung ist der archetypische Mythos der großen universalen Evolution.

In diesem Licht erscheinen die »Strafen« Gottes in der Erzählung auch eher als »Wirklichkeiten«, die nun zur Wahrnehmung kommen: Das Leben ist ja oft genug mühsam und die allermeisten Menschen essen heute noch im sprichwörtlich gewordenen Schweiße ihres Angesichts ihr Brot (Gen 3,19). Schwangerschaft und Geburt sind bei aller Freude mit Anstrengung und Schmerz verbunden. Es gehört zum Menschsein, diese Tatsachen nicht einfach hinzunehmen. Niemand würde doch infrage stellen, dass wir in beiden Bereichen nach Linderung und Entlastung suchen. Alle Errungenschaften der Zivilisation erleichtern die Arbeit und die Mobilität. Und wer würde nicht begrüßen, dass die Medizin Wege findet, die Schwierigkeiten und Gefahren einer Geburt und allem, was mit ihr verbunden ist, zu verringern?

Interessant ist, dass der dritte »Fluch« der Schöpfungserzählung dagegen oft als naturgegeben angenommen wurde und wird: »Du hast Verlangen nach deinem Mann; er aber wird über dich herrschen«, sagt Gott da zu Eva (Gen 3,16). Biblische Zeiten waren patriarchale Zeiten, in denen Frauen von ihren Männern abhängig waren und von einer Gleichberechtigung und Augenhöhe kaum die Rede sein konnte.

Muss es aber so bleiben? Nein, sagen wir heute zu Recht. Und das sagt auch die jahrtausendealte Geschichte von Adam und Eva zwischen den Zeilen: Denn die Beziehung von Adam und Eva ist keineswegs geprägt von sexistischer Herrschaft und Abhängigkeit. Adam nennt seine Frau Eva, Leben, »denn sie wurde die Mutter aller Lebendigen« (Gen 3,20). Das ist kein Ausdruck der Herrschaft, sondern eher des Respekts und der Würdigung. Und Gott ist ebenfalls alles andere als grimmig oder gar rachsüchtig. Er macht den beiden Menschen »Gewänder von Fell und bekleidete sie damit« (Gen 3,21). Das ist eine Geste der Zärtlichkeit, nicht der Verdammung. Adam und Eva verlassen das Paradies. Gott »schickt« sie aus dem Garten Eden weg, damit sie den Erdboden bearbeiten, von dem sie genommen sind (Gen 3,23). Gott »vertreibt« sie und lässt den Eingang zum Garten bewachen, damit sie nicht zurückkehren (Gen 3,24). Kurzum: Der Mensch ist flügge, Gott stößt ihn aus dem Nest.

Diese Lesart der Erzählung von Adam und Eva widerspricht

vielleicht den Vorstellungen einer »Spiritualität von oben«, in der ein allmächtiger Gott alles perfekt lenkt und vorhersieht. Genau dieses Gottesbild aber stellt der Text infrage: Wenn Gott allmächtig ist, warum hat er das Missgeschick (oder was war es dann sonst) nicht verhindern können? Oder *wollte* er es gar nicht verhindern? Weil er die Neugier, die Lust auf Horizonterweiterung, ja, den Lebensdurst seiner Geschöpfe genau so gewollt und zum Grundprinzip seiner Schöpfung gemacht hat wie die Endlichkeit allen Lebens, die wir Menschen erkennen und bewusst wahrnehmen können? Das würde zumindest den Vorstellungen, die Biologen sich heute über das Leben machen, nicht widersprechen.

Das Leben: wild, kreativ, göttlich

So alt die Schöpfungsgeschichten auch sein mögen, korrespondieren sie dennoch in überraschender Weise mit unserem naturwissenschaftlichen Weltbild. Demnach sind wir Menschen ja das jüngste Produkt der planetaren Evolution. Das lässt sich sogar in unserer individuellen Entwicklung erkennen, denn als Embryo sind wir zuerst Fisch und Amphibie, bevor wir Säugetier und Mensch sein können. Wir tragen somit die gesamte Geschichte des Lebens in uns.

Das stufenweise Vorgehen in der ersten Schöpfungserzählung spiegelt die moderne Vorstellung der Evolution allen Lebens, die natürlich als naturwissenschaftliche Theorie ohne einen intelligenten Schöpfer auskommen muss. Das Leben entwickelt sich aus sich selbst heraus, sagen Evolutionsbiologen, nur können sie nicht erklären, wie das genau vonstatten geht. Die große Frage ist: Was ist das Leben und wie entsteht es? Oder konkreter: Woher weiß eine Zelle, wie sie wachsen und welchen Platz sie einnehmen soll in einem Organismus? Mit der Entschlüsselung der Gene schienen diese Fragen endlich eine Antwort gefunden zu haben. Doch die Euphorie ist mittlerweile einer stillen Ratlosigkeit gewichen. Es ist nicht gelungen, allen Genen eindeutige Funktionen zuzuweisen. Offenbar hängt es von zahlreichen und zudem teils auch äußeren Faktoren ab, welche Funktion ein Gen ausübt oder nicht.

Tatsächlich steht die Biologie als Wissenschaft vom Leben heute vielleicht vor einem Paradigmenwechsel. Ähnlich war das zuletzt so in der Physik mit der Entstehung der Quantentheorie. Der Biologe und Philosoph Andreas Weber spricht deshalb von einer neuen Biologie. Die sieht alles Lebendige angetrieben von der »Sehnsucht zu sein«, sich zu entwickeln und Potenzial zu entfalten. Aus dieser subjektiven Bewegung entstehen die Körper, die Organismen und Lebewesen. Kein Individuum besteht aber aus einem exklusiven Stoff, den es nur für sich allein hätte. Alle Lebewesen teilen die Atome und bilden sich aus Kohlenstoff, Phosphor, Schwefel, Eisen usw. Das Leben ist wie eine Welle, die sich durch den Ozean der Elemente bewegt. »Der Körper lässt sich somit weniger als spezielle Materie verstehen, sondern eher als spezifische Form eines Zusammenhalts: als hartnäckiges Wollen, dem daran gelegen ist, sich zu erhalten«, sagt Andreas Weber. Er fasst diese neue Biologie unter dem Motto »Alles fühlt« zusammen. Jedes Lebewesen, ja jede Zelle, ist im Prinzip empfindlich für das, was ihm guttut oder nicht. Dieses subjektive Empfinden ist die mächtige Kraft, die jedes einzelne Lebewesen als Organismus zusammenhält und zu einem Individuum heranwachsen lässt. Alle Individuen haben Anteil an dieser Lebenskraft. Sie sind ein Teil des Ganzen. Wildnis ist dabei »der Raum, in dem das Ganze zu Ausdruck und Selbsterfahrung kommt, weil es sich in ein Individuum verwandelt. Die Individualität, durch die das Ganze sich selbst widerspiegelt, ist jedoch bloß geliehen. Man könnte auch sagen: Sie ist geschenkt. Die Lebensgemeinschaft wächst nur, wenn diese Individualität, ihr Fleisch, ihr Körper, eines Tages wieder zurückgeschenkt wird« (Weber 2010: 34).

Die zweite Schöpfungserzählung spiegelt diesen den Geschöpfen innewohnenden Willen zur Entwicklung. Das damit verbundene innere Wissen verkörpert in der Erzählung die Schlange. Ihre »Klugheit«, die Adam und Eva teilen, wie wir gesehen haben, ist in Wahrheit nicht etwas Sündhaftes oder Verdammungswürdiges, sondern geradezu das Lebensprinzip der Schöpfung. Die Sache mit Adam und Eva hätte nicht so kommen müssen. Aber sie hat so kommen können. Gott hat die Schöpfung als Raum von Möglichkeiten geschaffen. Freilich nicht ohne Schattenseiten.

Die Wildnis ist in der neuen Biologie ein großer Experimentierraum, in dem sich alles frei entfaltet und voneinander lebt und füreinander stirbt. Biologisch betrachtet wird jedes Leben früher oder später Nahrung für anderes Leben. Der Tod ist so gesehen keine Niederlage oder Strafe, sondern geradezu die Voraussetzung allen Lebens. Dieses Geben und Nehmen gehört zur Wirklichkeit der Wildnis.

Diese Wildnis ist aber kein Kriegsschauplatz, wie eine darwinistische Weltanschauung vielleicht glauben machen will. Der Schlüssel zum Leben ist Kooperation, nicht Konkurrenz. Eine solche Biologie versteht Natur heute als ein System innerer Abhängigkeiten, bei dem sich alle Akteure gegenseitig stärken und nicht schwächen. Biblisch spiegelt sich dieser Gedanke in der Vision des Propheten Jesaja von einem messianischen Reich, in dem der Wolf Schutz findet beim Lamm und der Panther beim Böcklein liegt (Jes 11,6). Es geht Jesaja dabei wohl nicht um eine übernatürliche Revolution, in der Löwen plötzlich tatsächlich Stroh fressen. Es geht vielmehr darum, wie wir die Welt betrachten. Der Messias, der Spross aus der Wurzel Isais, wird die Verfasstheit der Schöpfung nicht ändern, sondern die »Erkenntnis des Herrn« (Jes 11,9) bringen, sagt Jesaja. Und die entspricht der Erkenntnis moderner Biologie, in der Konkurrenzverhalten immer Teil einer allem übergeordneten Kooperation ist. Wer die Dinge so sieht, »tut nichts Böses und begeht kein Verbrechen«, sagt Jesaja. Das wichtigste Merkmal der Wildnis ist gerade ihre Vielfalt und die Unterschiedlichkeit der Lebewesen und keineswegs das vielbeschworene »Überleben des Stärkeren«. Aus Darwins »survival of the fittest« ein »Recht des Stärkeren« abzuleiten, hat mit Natur gar nichts zu tun, sondern ist vielmehr eine perverse Imitation natürlicher Prozesse.

Wildnis ist gerade nicht Zügellosigkeit oder ein gewissenloses »Tu, wonach dich gelüstet.« Es geht nicht um Krieg, Gier oder Überleben um jeden Preis, sondern um ein ökologisches Gleichgewicht des Lebens, das die Wesen mit ihrem eigenen Leben herstellen. Sie stellen dieses Gleichgewicht her, ohne sich darüber bewusst zu sein. Alle außer einem: der Mensch. Gerade das Bewusstsein über Leben und Sterben macht das Menschsein aus, sagt Andreas Weber: »Die Nahrungsketten der Tiere und Pflanzen, des am Himmel kreisenden Bussards und der im Boden wühlenden Maus sind die Ausgewogenheit des Lebensnetzes. Wir hingegen müssen uns für eine Balance entscheiden. Wir müssen uns explizit zur Wildnis bekennen, um im Gleichgewicht mit dem Leben zu existieren. Für uns muss Wildnis daher eine Kultur der ökologischen Wirklichkeit sein« (Weber 2010: 35).

Die zweite Schöpfungserzählung zeigt die Welt als genau solch einen vielfältigen Experimentierraum, wie wir gesehen haben. In diesem Raum leben wir Menschen. Diese Wildnis mit allem, was zu ihr gehört, ist auch in der biblischen Tradition unsere Wirklichkeit. Andreas Weber führt die Begriffe Freiheit und Subjektivität in die Biologie ein und damit genau die beiden Themen, um die die zweite Schöpfungserzählung kreist. Adam und Eva hatten die Freiheit, sich zu entwickeln, so wie alles Lebendige sich entwickeln kann. Wahr ist aber auch, dass die Freiheit und Entfaltung eine notwendige Schattenseite hat: nämlich die Endlichkeit aller Dinge, weil es sonst kein neues Leben geben könnte. Das Bewusstsein über die Endlichkeit alles Lebendigen gehört zum Wesen des Menschen. Das zu tragen und zu ertragen ist seine Herausforderung. Es geht bei Adam und Eva nicht zuerst um Versagen, Schuld und Moral, sondern um das Erwachen dieses das Menschsein kennzeichnenden Bewusstseins über die eigene Existenz, die eigenen Möglichkeiten und Begrenzungen. Ihre Geschichte entscheidet sich daran, dass sie mit Gott verbunden bleiben, das Leben annehmen und ihr Potenzial entfalten, sprich: das Bestmögliche daraus machen.

Das wäre der Ansatzpunkt für die »Kultur der ökologischen Wirklichkeit«, von der Andreas Weber spricht. Papst Franziskus spricht in seiner Öko-Enzyklika von einer »ganzheitlichen Ökologie«. Jedenfalls steht der Mensch vor der Herausforderung, sich in solch eine ökologische Kultur hineinzuentwickeln und sie bewusst zu gestalten. Damit notwendig verbunden ist ein

Reifungs- und Individuationsprozess, wie ihn der Schöpfungsmythos von Adam und Eva darstellt. Eine gesunde religiöse und spirituelle Praxis initiiert und fördert diesen Prozess, statt ihn zu behindern oder schlimmstenfalls sogar zu verhindern.

Das alles ist im Grunde genommen gar keine so ganz neue Idee. Im 12. Jahrhundert beschreibt zum Beispiel Hildegard von Bingen in ihrer Kosmologie Gott als Raum. Die Schöpfung existiert für Hildegard sozusagen »in« Gott, denn »wie ein Kreis das umfasst, was in ihm geborgen ist, so umfasst die Heilige Gottheit unbegrenzt alles und übertrifft alles, weil niemand sie in ihrer Macht zerteilen noch übertreffen noch an ein Ende bringen kann« (Liber Divinorum Operum I,2,2). Gott ist ein »vollkommenes Rad«, sagt Hildegard. In diesem Rad dreht sich das Leben. Gott ist für Hildegard das, was der Biologe Andreas Weber »das Ganze« nennt. Die Formulierung von Andreas Weber aufnehmend, könnte es auch so heißen: »Wildnis ist der Raum, in dem GOTT zu Ausdruck und Selbsterfahrung kommt, weil er sich in ein Individuum verwandelt. Die Individualität, durch die GOTT sich selbst widerspiegelt, ist jedoch bloß geliehen. Man könnte auch sagen: Sie ist geschenkt.« Gott ist der Urgrund allen Seins. Mit diesem Urgrund in Kontakt zu kommen hat Hiob geheilt und versöhnt. In der biblischen Tradition ist dieser Gott kein »lieber«, sondern ein »liebender«. Die Liebe bringt alles hervor und trägt alles. Die Schöpfung erreicht ihren Höhepunkt schließlich in der Menschwerdung Gottes in Jesus Christus. Diesen Höhepunkt nannte der französische Jesuit, Theologe, Paläontologe, Anthropologe und Philosoph Pierre Teilhard de Chardin den »Punkt Omega«, auf den sich in seiner Synthese von Evolutionismus und Christentum der ganze Kosmos hinbewegt.

Das Leben: wild, kreativ, göttlich

Wir alle sind Adam und Eva. Der Mythos ist ein archetypischer Spiegel, in dem wir uns selbst anschauen können. Jeder Mensch steht in Reifungsprozessen. Jeder Mensch durchlebt die Erfahrung von Angst und Scham in der Kindheit. Jeder Mensch versucht, die Nacktheit, das Gefühl des Ausgeliefertseins, die Abgetrenntheit zu überwinden. Auf geheimnisvolle Weise führt genau das dazu, dass wir eine Persönlichkeit entwickeln. Wir knüpfen uns sozusagen Schurze aus Feigenblättern und verstecken uns hinter dem, was wir leisten, hinter Erfahrungen der Vereinigung, die wir zur Linderung suchen, hinter Anpassungen an den Mainstream, die die Einsamkeit erträglicher machen sollen usw. Welche Strategie auch immer unser Ego entwickelt, um die Abgetrenntheit nicht spüren zu müssen, es sind nur »Teillösungen für das Problem der Existenz«, wie Erich Fromm in seinem Buch »Die Kunst des Liebens« darlegt. Denn wir zahlen einen hohen Preis: Letztlich beraubt uns unser Ego der echten Erfahrung des Lebendigseins, weil seine Handlungsmuster dauerhaft unser wahres Selbst, die Seele ersticken.

Für Erich Fromm ist einzig »die Kunst des Liebens« die Lösung für das Problem. Allerdings geht es nicht nur um die Liebe zu irgendeiner einzelnen Person oder Sache, als könnte uns jemand oder etwas erlösen. Liebe ist für Fromm eine »Haltung«. Es geht um die Frage, wie wir uns »zur Welt als Ganzem« verhalten: »Wenn ich einen Menschen wahrhaft liebe, so liebe ich alle Menschen, so liebe ich die Welt, so liebe ich das Leben« (Fromm 2011a: 79). Diese Liebe schließt die Selbstliebe ein. Wer so liebt, hat »seine Abhängigkeit, sein narzisstisches Allmachtsgefühl, den Wunsch, andere auszubeuten, oder den Wunsch zu horten überwunden; er glaubt an seine eigenen menschlichen

Kräfte und hat den Mut, auf seine Kräfte zu vertrauen« (ebd.: 47).

Adam und Eva haben es in Wahrheit gar nicht vermasselt. Sie haben ihr vermeintlich sicheres Gestrüpp verlassen und Gott ins Angesicht geschaut. Im Englischen wird diese Konfrontation, die die beiden wagen, wunderbar ausgedrückt mit den Worten »to face«. Sie haben ihr Gesicht der Wirklichkeit zugewendet. Sie haben der Wahrhaftigkeit Raum gegeben, ohne am Leben zu verbittern. Und zur Liebe gefunden. Das erzählt uns ihre Geschichte.

Das heilige Feuer entfachen

Wer dem Ruf des wilden Gottes folgt, begibt sich in ein Abenteuer. Das bedeutet, die gewohnte Welt zu verlassen und sich auf unsicheres Terrain zu wagen. Es ist vor allem ein inneres Abenteuer, weil es uns moderne Menschen aus der sichtbaren Welt, in der wir uns auskennen, in die unsichtbare Welt führt. Was damit gemeint ist, verstehen alle, die auch den Kleinen Prinzen verstehen: »Man sieht nur mit dem Herzen gut. Das Wesentliche ist für die Augen unsichtbar.« So ähnlich klingt es biblisch: »Der Mensch sieht, was vor den Augen ist, der Herr aber sieht das Herz« (1 Sam 16,7). Hier droht allerdings ein Missverständnis. Viele nehmen an, der religiöse oder spirituelle Weg bestehe darin, das Weltliche zu meiden und sich auf etwas Heiliges zu konzentrieren. Die Mystik, speziell die franziskanische, lehrt aber: Es gibt keinen Unterschied zwischen profan und heilig, Erde und Himmel, sichtbar und unsichtbar. Gott ist der Schöpfer der »sichtbaren und der unsichtbaren Welt«, heißt es im großen Glaubensbekenntnis. So wie Gott eins ist, gibt es auch nur eine einzige Wirklichkeit. Die sichtbare und die unsichtbare Welt stellen die jeweils andere Seite des Ganzen dar.

Das Abenteuer besteht für uns darin, das Heilige in der Welt zu suchen. »Wiederzufinden« müsste man sagen. Denn zweifellos ist der Blick für das Heilige verlorengegangen. Es gibt eine Außen- und eine Innenseite des Ganzen, aber die westliche Kultur legt den Fokus gänzlich auf die Außenseite. Aus allem Mess- und Wägbaren machen wir Gegenstände. Mit arbeitsteiligen Techniken und Routinen bringen wir die sichtbare Welt scheinbar unter unsere Kontrolle. Das hat uns weitgehend furchtlos gemacht, aber mit der Furcht geht auch die Ehrfurcht verloren. Alles wird verdinglicht, objektiviert und ökonomisiert. Dinge werden zu Eigentum. Menschen werden zu Konsumenten. Nicht, wer wir sind und was gut ist für uns, sondern was wir haben und was wir noch haben könnten, steht im Mittelpunkt.

Diese Art, in der Welt zu sein, zeigt sich sogar sprachlich, wenn wir zum Beispiel sagen, dass wir einen Körper »haben«. Oder wir »haben« eine Krankheit, als wenn es sich um einen Gegenstand handelte, den man besitzen und so auch wieder loswerden könnte. Vieles deutet darauf hin, dass sich »das Wort ›haben‹ im Zusammenhang mit der Entstehung des Privateigentums entwickelt, während es nicht in Gesellschaften mit funktionalem Eigentum, das heißt Eigentum für den Gebrauch, vorkommt«, sagt Erich Fromm in seiner Untersuchung über »Haben oder Sein« (Fromm 2011b: 38). Die Haltung des Habens wirkt über das rein Materielle hinaus. Wenn Wissen nur noch angesammelt wird, schwindet das, was man Erkenntnis nennt. Religion wird dogmatistisch, wenn Glauben nur noch bedeutet, im Besitz einer Wahrheit zu sein. Das eine Ganze im Einklang zu erfahren, erfordert eine radikale Haltungsänderung vom »Habenmenschen« zum »Seinmenschen«. So würde es Erich Fromm formulieren.

Der Verlust des Heiligen verursacht ein Leiden, dessen Heilung einzig in der Wiederverbindung und der Versöhnung mit dem Ganzen bestehen kann. Es war immer die Aufgabe einer initiatorischen Spiritualität, diese Verbindung herzustellen, sagt Richard Rohr. Es ist genau das, was unserem westlichen Bildungssystem verlorengegangen ist: »Wir haben an die Stelle einer breiten Allgemeinbildung die Berufsausbildung gesetzt, Information an die

Stelle von Wissen, Fakten und Zahlen an die Stelle von Weisheit. Die archaischen Völker wussten noch: Bloße technische Fähigkeiten, denen Tiefe und Weisheit fehlen, sind gefährlich, ja destruktiv für eine Gesellschaft« (Rohr 2005: 34). Initiation zielt nie auf das Gefäß, die Weitergabe von Fakten, sondern auf die Füllung und damit auch die »Erfüllung«. Die Anhäufung materieller Güter und Reichtum in der sichtbaren Welt geht ja paradoxerweise mit einer zunehmenden Erfahrung von innerer Leere und Enttäuschung einher, die wiederum mit immer neuen Gütern beseitigt werden soll. Wir sind satt und hungern doch. Wonach hungern wir westlichen Menschen wirklich? »Der Konsumentenhaltung liegt der Wunsch zugrunde, die ganze Welt zu verschlingen, der Konsument ist der ewige Säugling, der nach der Flasche schreit«, bringt es Erich Fromm auf die Spitze. Konsum kann den unendlichen Hunger nach Gemeinschaft, Anerkennung, Geborgenheit, Liebe offenbar nicht stillen.

Viele unserer seelischen Probleme sind spirituellen Ursprungs. »Unter allen meinen Patienten jenseits der Lebensmitte, das heißt jenseits fünfunddreißig, ist kein Einziger, dessen endgültiges Problem nicht das der religiösen Einstellung wäre«, sagte C. G. Jung. »Ja, jeder krankt in letzter Linie daran, dass er das verloren hat, was lebendige Religionen ihren Gläubigen zu allen Zeiten gegeben haben, und keiner ist wirklich geheilt, der seine religiöse Einstellung nicht wieder erreicht, was mit Konfession oder Zugehörigkeit zu einer Kirche natürlich nichts zu tun hat« (Jung 1994: 119). Der Versuch, spirituelles Verlangen rein materiell bzw. äußerlich zu stillen, wirkt nicht nachhaltig befriedigend. Das gilt – wie gesagt – auch für die immaterielle Inbesitznahme von Wahrheit oder Deutungshoheit und führt letztlich nicht nur zu einer »toten« Religion, sondern auch zu Fundamentalismus und schlimmstenfalls zu Gewalt.

Lebendige Religion ist immer auf Heilung durch Verbindung aus. Das lateinische Wort *religio* bedeutet ja nichts anderes als »Wiederverbindung«. Davon handeln im Grunde auch fast alle großen biblischen Geschichten. Auch die von Adam und Eva. Wie wir schon gesehen haben, wäre es verfehlt, den »Sündenfall« als moralische Verfehlung zu verstehen. Sünde und vor allem das, was in der Tradition als »Erbsünde« bezeichnet wird, ist die Erfahrung eines Schmerzes, von dem wir genesen, wenn wir uns wieder mit dem Heiligen verbinden können. Die Frage Gottes an Adam und Eva, »Mensch, wo bist du?« (Gen 3,9), ist keine Vorladung zum Gericht, sondern eine Einladung, sich der ganzen Wirklichkeit zu öffnen. Solange wir mit der Wirklichkeit hadern, sind wir nicht geheilt und können wir uns nicht weiterentwickeln. Solange Adam und Eva sich versteckt halten, bleiben sie in ihrer Angst und in der Scham. Als sie sich Gott zuwenden, ändert sich zwar nichts an der äußeren Wirklichkeit, aber Möglichkeiten eröffnen sich, Kreativität blüht auf, es herrscht wieder Lebensfreude. Jedes Leiden an der Wirklichkeit, das wir nicht auf diese Weise transformieren, werden wir an andere weitergeben.

Wie schmerzlich das sein kann, zeigt die Geschichte von Kain und Abel, den Kindern Adams und Evas. Abel ist erfolgreicher als Kain. Kain empfindet Neid und Eifersucht. Er glaubt, er könne seinen Schmerz und seine Scham beseitigen, indem er Abel beseitigt. Aber er macht sich selbst etwas vor. »Wo ist dein Bruder?«, fragt Gott (Gen 4,9), aber Kain verstrickt sich immer tiefer in sein Lügengebäude. Am Ende geht er – anders als seine Eltern Adam und Eva – unversöhnt »vom Herrn weg« (Gen 4,16). Erst in dieser Geschichte taucht übrigens zum ersten Mal in der Bibel der Begriff »Sünde« auf. Und zwar als Möglichkeit, sich nicht wahrhaftig mit dem schmerzhaften Teil der Wirklichkeit wie Scheitern, Verlust, Schuld etc. auseinanderzusetzen.

Die Frage nach dem Heiligen ist nicht bloß eine mehr oder weniger nebensächliche Privatangelegenheit. Es geht nicht nur um die Frage, ob wir rein theoretisch richtig oder falsch liegen. Es geht in Wahrheit immer ganz praktisch um Leben und Tod und um das Ganze. Nie war das konkreter erfahrbar als heute. Wir haben teil an einer kollektiven und universalen Herausforderung. Die Menschheit ist heute in der Lage, sich selbst und wohl auch den größten Teil der Biosphäre zu zerstören. »Richtig leben heißt nicht länger, nur ein ethisches oder religiöses Gebot zu erfüllen. Zum ersten Mal in der Geschichte hängt das physische Überleben der Menschheit von einer radikalen seelischen Veränderung des Menschen ab«, mahnt Erich Fromm (Fromm 2011b: 23). 1979 konnte man das schon kaum mehr für eine Übertreibung halten, aber heute kann überhaupt niemand mehr vernünftigerweise leugnen, dass das Leben auf unserem Planeten durch das Handeln des Menschen bedroht ist. Wir verbrauchen die natürlichen Ressourcen nachweislich schneller, als sie nachwachsen können, und heizen die Atmosphäre auf. Wir sägen letztlich an dem Ast, auf dem wir selbst sitzen. Ursache dafür ist die schon genannte Verzweckung aller Dinge. In der Industrie- und Konsumgesellschaft haben wir »die Wirklichkeit in ihre Bestandteile zerlegt, jeglichen sozialen Kanon aufgelöst, die heiligsten Dinge verspottet und die traditionellen Vorstellungen, die sogenannten ›großen Erzählungen‹, die man heute für Spielarten einer essentialistischen Metaphysik vergangener Gesellschaften hält, der Lächerlichkeit preisgegeben«, sagt Leonardo Boff (Boff 2015: 65).

Die Wiederverbindung mit dem Heiligen ist nicht bloß eine weitere und letztlich beliebige Erfahrung unter vielen. Es geht auch nicht um irgendwelche schönen Gefühle, die wir noch haben könnten. Es geht darum, zu unterscheiden, was wirklich wichtig ist und was nicht. Eine wahrhafte Begegnung mit dem Heiligen kann »die ganze Welt in Aufruhr« bringen (Apg 17,6). Deshalb sagt Jesus im Evangelium, er sei gekommen, »um Feuer auf die Erde zu werfen« (Lk 12,49). Das Heilige lässt erzittern und fasziniert zugleich, es ist *tremendum et fascinosum*. Die Folgen können eine Revolution auslösen. Darauf sollte man gefasst sein. »Es gibt in uns ein heiliges Feuer«, sagt Leonardo Boff, »das von der Asche des Konsumismus, des Strebens nach materiellen Gütern und eines von den wichtigen Dingen abgelenkten Lebens in Zerstreuung überdeckt ist. Es kommt darauf an, diese Asche zu entfernen und die heilige Flamme wieder zu entfachen. Und dann werden wir ausstrahlen und wie eine Sonne sein« (Boff 2010: 14).

Leg deine Schuhe ab (Ex 3,5)

In der Bibel ist die Begegnung mit dem Heiligen immer verbunden mit einer existenziellen Bewegung, einer zu überwindenden Schwelle, einem krisenhaften Übergang. Noah soll eine Arche bauen, denn nichts wird mehr sein wie vorher (Gen 6). Abraham ist gerufen, alles zu verlassen und aus seiner Heimat fortzuziehen (Gen 12). Jakob ringt nachts in der Furt des Jabbok mit Gott um den Segen und erhält den Namen Israel – Gottesstreiter (Gen 32). Josef wird von seinen Brüdern misshandelt und als Sklave verkauft nach Ägypten, aber »der Herr war mit Josef und so glückte ihm alles« (Gen 39). Und so könnte die Reihe noch lange fortgesetzt werden: über Mose, der das Volk Israel aus Ägypten führen soll, zu Hiob, von dem wir schon gehört haben, und zu den Geschichten der Propheten bis ins Neue Testament, wo Jesus am Kreuz betet: »Gott, mein Gott, warum hast du mich verlassen?« (Ps 22,2) und drei Tage später von den Toten aufersteht. Die Begegnung mit dem Heiligen, so unangenehm sie auch sein mag, bringt das Leben weiter, führt zu Kreativität, Befreiung und Entwicklung.

Die Begegnung mit dem Heiligen ist in der Bibel keine Sache von Super-Helden oder Super-Heiligen. Die Helden der Bibel sind in der Regel überhaupt nicht makellos und erfolgreich. Im Gegenteil: Noah war ein Säufer (Gen 9,21), Abraham war kinderlos (Gen 15,2), Jakob ein Lügner (Gen 27), der Prophet Jona besserwisserisch, dickköpfig, rachsüchtig und feige, und Jesus war, abgesehen von seinem Tod in Schande am Kreuz, auch noch ein uneheliches Kind, das um ein Haar ohne irdischen Vater aufgewachsen wäre (Mt 1,19). Damit steht die Bibel im Widerspruch zu dem, was viele in ihrer religiösen Erziehung gelernt haben.

Wir müssen nicht erst alles richtig machen im Leben, um uns dem Heiligen nähern zu »dürfen«. Das bekräftigen die Anti-Helden-Geschichten der Bibel ausdrücklich. Die religiöse Praxis muss sich an diesem biblischen Maßstab orientieren. Sie läuft sonst Gefahr, den Zugang zum Heiligen zu verbauen, statt Wege zu öffnen. Das Resultat wäre dann eine Religion der Experten und Sonderlinge mit einer blutleeren und entstellten Spiritualität. Die Bibel bewahrt in ihren Geschichten eine Weisheit, die der französische Dichter Paul Claudel in seinem bekannten Sprichwort so zusammenfasst: »Gott schreibt auch auf krummen Zeilen gerade.« Man könnte die ganze Bibel unter diese Überschrift setzen. Wir haben schon im vorangehenden Kapitel gesehen, dass die Krise ein Grundprinzip der Schöpfung und alles Lebendigen ist. Es gibt kein Werden ohne Vergehen. Die Begegnung mit dem Heiligen ist keine Flucht aus diesem Kreislauf. Es geht gerade darum, der eigenen Begrenztheit und Bedürftigkeit, den Verlusten und allem Krisenhaften im Leben nicht auszuweichen, damit das Leben weiter wachsen kann.

Einer der größten Helden und zugleich Anti-Helden der Bibel ist Mose. Er ist für Juden das, was Jesus für Christen ist: Er ist der Befreier, der das Volk Israel aus der Gefangenschaft in Ägypten in die Freiheit führt, in das Gelobte Land, wo »Milch und Honig fließen« (Ex 3,17). »Gelobt« kommt hier nicht von loben, sondern von geloben; es ist das verheißene Land, wo dem Volk eine Zukunft versprochen ist. Uns interessiert jetzt weniger, wie der Exodus historisch verlaufen ist, das wäre ja wieder nur die Außenseite. Wir wollen uns die Innenseite anschauen. Jeder spirituelle Weg ist auch ein Weg der Befreiung. Was ist mein »Gelobtes Land«? Was ist mein »Ägypten« und hält mich gefangen? Was muss ich loslassen, um meinen Platz zu finden und einzunehmen? Woher nehme ich Mut und Vertrauen, um meinen ureigenen Weg zu gehen?

Die große Geschichte des Exodus beginnt mit Mose, der in die Wüste wandert und Gott im brennenden Dornbusch findet (Ex 3–4). Das Volk Israel litt in Ägypten unter Unterdrückung

Leg deine Schuhe ab (Ex 3,5)

und Versklavung. Mose hatte einiges auf dem Kerbholz. Er war ein Mörder. In seiner Jugend hatte er einen Ägypter erschlagen. Die Tat flog auf und Mose floh vor der drohenden Strafe ins Exil, weit fort. Er arbeitete als Hirte, heiratete und gründete eine Familie. Nichts ließ vermuten, dass er in die Geschichte eingehen würde als Anführer des Exodus. Eines Tages »trieb er das Vieh über die Steppe hinaus und kam zum Gottesberg Horeb« (Ex 3,1). Er findet dort einen brennenden Dornbusch, der brennt, aber nicht verbrennt. Mose will sich das genau anschauen. »Mose!«, ruft Gott ihn aus dem Dornbusch. Mose antwortet: »Hier bin ich« (Gen 3,4). Dann heißt es: »Leg deine Schuhe ab; denn der Ort, wo du stehst, ist heiliger Boden« (Gen 3,5). Es beginnt ein Gespräch, in dem Mose seine Berufung erkennt und mit Zweifeln ringt: Ausgerechnet er soll das Volk Israel aus Ägypten führen? Werden sie ihm überhaupt vertrauen? Ihm, der kein großer Redner ist?

Wir können nur zwischen den Zeilen vermuten, welcher Sehnsucht Mose da in die Wüste gefolgt ist. Vielleicht sind es offene Fragen, die nach einer Antwort verlangten: seine Vergangenheit in Ägypten, das Leiden seiner Landsleute dort, der Mord an dem Ägypter, der ja ein wütender Akt der Rache war, weil der einen Hebräer misshandelt hatte. All das könnte ihn umgetrieben und hinausgetrieben haben. Solche Lebensfragen können eine immense Kraft entwickeln. Sie können Menschen dazu bringen, sich zu verschließen und einzuschließen – oder sich auf einen inneren Weg zu begeben und dafür an Grenzen oder über Grenzen hinaus in die eigene Wildnis zu gehen.

Was hier auf den ersten Blick nach einem Tagesausflug aussieht, hat alle Merkmale eines initiatorischen Rituals. Mose geht in die

Wüste, so wie es später Jesus tat oder Johannes der Täufer und die Wüstenväter. Mose geht über die Grenze der »zivilisierten« Welt in die Wildnis, wo das Vieh kaum Futter findet, die Tage sengend heiß und die Nächte bitterkalt sind. Mose überschreitet äußerlich die Schwelle von der gewohnten zur wilden und zugleich innerlich von der sichtbaren zur unsichtbaren Welt.

Mose begibt sich vor allem auf einen inneren Weg. Wenn wir auf die »andere Seite« gehen, dann blicken wir anders auf die Dinge. Wir sehen sozusagen ihre Innenseite. Es kommt tatsächlich vor, dass sich Dornbüsche in der Wüste von selbst entzünden. Ein brennender Dornbusch wäre somit nichts Außergewöhnliches. Von außen betrachtet. Auf dem Weg des Mose kann Alltägliches und Unscheinbares plötzlich eine ungeheure Bedeutung bekommen und uns unmittelbar ansprechen. Diese Erfahrung macht Mose. Der Dornbusch wird für ihn zum Symbol des unerschöpflich Göttlichen, das sich hingibt und »brennt«, ohne verzehrt zu werden. Er antwortet auf diese Begegnung mit den Worten »Hier bin ich« (Ex 3,4). Mit diesen Worten antworteten auch Abraham (Gen 22,1.11) und Jakob (Gen 31,11; 46,2) auf den Ruf Gottes. Entscheidend sind weniger die Worte als vielmehr die Haltung. Auch Adam und Eva hätten die Worte sagen können, als sie auf den Ruf »Mensch, wo bist du?« antworteten. Es ist nicht schwer, Gott zu suchen. Es ist schwerer, sich von ihm finden zu lassen und diese Antwort zu wagen.

Die Begegnung mit dem Heiligen kann nur barfuß stattfinden: »Leg deine Schuhe ab«, heißt es da, und Mose verzichtet auf alles Distanzierende, die gewohnten Schutzhäute. Er lässt sich ganz auf die Begegnung ein, würden wir sagen, und das meint, nicht mehr – wie gewohnt – nur von außen auf ein Ereignis oder einen Gegenstand zu blicken. Für uns westlich geprägte Menschen ist vielleicht genau das die größte Herausforderung: Die Begegnung mit dem Heiligen verträgt keine Zuschauer. Das gilt auch und vor allem für uns selbst. Wir können uns nicht selbst dabei zuschauen, wie wir dem Heiligen begegnen. Ebensowenig können wir uns beim Träumen zuschauen. Wir träumen. Punkt. In Wahrheit »haben« wir auch keinen Traum, sondern wir sind in dem Moment im Traum. Vielleicht sind wir sogar selbst der Traum. Wir können dem Heiligen nicht als »Habenmenschen« begegnen, sondern nur als »Seinmenschen«, um es noch einmal mit Erich Fromm zu sagen.

Die Begegnung mit dem Heiligen stellt die alten Selbstbilder infrage und führt in die Auseinandersetzung mit dem Ego, das an den alten Mustern festhält. Für Mose ist es die Initiation in seine Berufung und eine neue Rolle: Er wird den Anstoß geben und das Volk Israel aus Ägypten herausführen. Berufung ist nicht etwas, das wir im Außen finden. Berufung ist in Wahrheit ein inneres Wissen und die Initiation schafft einen Raum, in dem wir Zugang zu diesem Wissen erhalten, das in unserem wahren Selbst, tief in der Seele, verborgen liegt. Das ist der Grund, warum Jungmänner in den Initiationsritualen vieler Kulturen in die Natur hinausgeschickt wurden. Das ist der Grund, warum Jesus in die Wüste ging, bevor er sein öffentliches Wirken begann. Auf diese Weise in die Natur zu gehen, heißt in Wahrheit, in sich zu gehen, denn die Natur ist ein Spiegel für die Seele.

Die Natur als Spiegel der Seele

Im Grunde wartet überall ein Dornbusch auf uns. Es kommt darauf an, ihn zu erkennen. Franz von Assisi begegnete dem Heiligen praktisch an jeder Ecke. Er sprach mit Tieren, Steinen, dem Feuer. Er nannte alle Geschöpfe »Bruder« und »Schwester« und »erfasste in einer einzigartigen und für andere ungewohnten Weise mit dem scharfen Blick seines Herzens die Geheimnisse der Geschöpfe«, schreibt sein Biograf Thomas von Celano (1 Cel 81). Franziskus schaut das Heilige im Innersten aller Lebewesen. Einer der ersten großen franziskanischen Theologen, Bonaventura, formuliert das im 13. Jahrhundert dann so: »Wir nehmen diese ganze sichtbare Welt gleichsam als Spiegel für uns, durch den wir hinübergehen zu Gott« (Itinerarium I,9).

Die Natur ist ein Spiegel des Göttlichen. Die Natur ist der erste Ort, an dem sich Gott offenbart, sagt auch Papst Franziskus heute: Die »Betrachtung der Schöpfung erlaubt uns, durch jedes Ding irgendeine Lehre zu entdecken, die Gott uns übermitteln möchte«. Gott tut sich kund in allem Geschaffenen, und »wenn der Mensch auf dieses Sich-Kundtun achtet, lernt er, in der Beziehung zu den anderen Geschöpfen sich selbst zu erkennen« (LS 85). Wer in diesen Spiegel schaut, erkennt sich darin selbst. In den Felsen, Pflanzen, Tieren. Oder eben im Dornbusch. Die Begegnung mit Gott im Dornbusch führt ja in der Geschichte dazu, dass Mose seine ureigene Berufung erkennt, wie wir gesehen haben. Wir können daher genauso sagen, die Natur sei ein Spiegel der Seele. Wer in die Natur schaut, erkennt sich selbst. Dichter und Mystiker wissen das:

> Durch alle Wesen reicht der eine Raum:
> Weltinnenraum. Die Vögel fliegen still
> durch uns hindurch. O, der ich wachsen will,
> ich seh hinaus, und in mir wächst der Baum.
> RAINER MARIA RILKE

Wie tief diese Spiegelbeziehung mit der Natur in uns verankert ist, verrät unsere Sprache: Wir »grollen« wie der Donner, wenn wir zornig sind, Liebe ist »heiß« und unsere Seele »dürstet«. Jeder versteht auch, was gemeint ist mit dem »Herbst des Lebens«. Wir gehen durch innere Jahreszeiten und sehen im Werden und Vergehen der Natur unseren eigenen Lebensweg. Die ganze Biosphäre ist ein Gefühlsraum, die Natur ist der »lebendige Spiegel unserer Emotionen und geistigen Konzepte«, wie es der Biologe und Philosoph Andreas Weber formuliert: »Bäume etwa gelten als Symbole des Lebens, weil sie erfahrbar Leben sind. Nach dem symbolischen ›Tod‹ im Winter schlagen sie wieder aus, wachsen und tragen Früchte, ganz ohne unser Zutun. Produktivität, Neuheit, Harmonie, aber auch Auflösung und Scheitern spielen sich nicht nur in uns, sondern in der ganzen Natur ab. In den Gewalten der Elemente, im Werden und Vergehen der Wesen, im Wechsel von Hell und Dunkel verkörpert sich unsere innere Landschaft« (Weber 2014: 21).

Wir wissen, dass alles mit allem verbunden ist. Das ist kein esoterisches Mantra, sondern ein empirisches Faktum: Wir können heute berechnen, dass jedes Kohlenstoffatom im menschlichen Körper statistisch bereits 600-mal in anderem Leben Bestandteil war. Im Grashalm, im Pilz, im Greifvogel, im Baum, im Grippevirus oder in einem Dinosaurier. Wir sind das, was andere zuvor waren. Vor vielen Millionen Jahren mag ein Bakterium im Urozean Kalk abgeschieden haben. Aus dem Kalk am Meeresboden wurde Kalkstein. Als das Meer ausgetrocknet war und sich zu einem Gebirge aufgefaltet hatte, wusch der Regen den Kalk ins Grundwasser, von dort in eine Quelle, wo ihn ein Mensch trank und so in seinen Körper aufnahm.

Die Natur macht keinen Müll, wir sind zu 100 Prozent ein Recycling-Wesen. Alles befindet sich in einem ständigen Transformationsprozess und wir mit unserem Leben, unserer Geschichte, unseren Entscheidungen nehmen daran teil. Das ist das Leben, und »das gibt Anlass zu der Überzeugung, dass sämtliche Geschöpfe des Universums, da sie von ein und demselben Vater erschaffen wurden, durch unsichtbare Bande verbunden sind und wir alle miteinander ein Art universale Familie bilden, eine sublime Gemeinschaft, die uns zu einem heiligen, liebevollen und demütigen Respekt bewegt«, sagt Papst Franziskus (LS 89). Es besteht eine wesentliche Verbindung zwischen der Natur und uns selbst, zwischen Innen und Außen: »Ich möchte daran erinnern, dass Gott uns so eng mit der Welt, die uns umgibt, verbunden hat, dass die Desertifikation des Bodens so etwas wie eine Krankheit für jeden Einzelnen ist und wir das Aussterben einer Art beklagen können, als wäre es eine Verstümmelung« (ebd.).

Wenn die Schöpfung krank ist, sind auch wir krank. Unsere Identität und Individualität sind nicht unabhängig von der Schöpfung. Die Schöpfung liegt nicht vor uns, wir sind vielmehr alle in ihr. Papst Franziskus mit seiner ökologischen Schöpfungstheologie und Andreas Weber mit seiner Schöpferischen Ökologie liegen nah beieinander: »Nur im Spiegel anderen Lebens können wir uns selbst verstehen«, sagt Andreas Weber.

»Wir brauchen die anderen Organismen, denn sie sind das, was auch wir sind« (Weber 2014: 34). Das kehrt das bisher vorherrschende Weltbild um: »Wir erleben uns nicht als Subjekte, weil wir mit Geist begabt sind, sondern wir sind mit Geist begabt, weil alles Leben Subjektivität ist« (ebd.: 74). Im Menschen wird die Schöpfung sich gewissermaßen ihrer selbst bewusst. Was alle Lebewesen fühlen, vermag der Mensch in Worte zu fassen. Er ist das »*animal poeticum*, das poetische Tier«, sagt Andreas Weber. »Die besondere Eigenschaft, die uns in dieser neuen Definition auszeichnet, ist freilich nicht länger etwas, das uns vom Rest der Schöpfung trennt. Sie stellt uns vielmehr in ihre Mitte. Auch wir sprechen und wir verstehen die ›Lingua franca‹ der Bedeutungen. Wir selbst sind ein Teil dieser Sprache. Auch wir sind Weltinnenraum – ›außen‹ und ›innen‹ zugleich« (Weber 2014: 94).

Wenn wir wie Mose einem brennenden Dornbusch begegnen wollen, dann müssen wir verlernen, die Dinge nur von außen zu beurteilen. Dafür müssen wir allerdings die Haltung des Zuschauers ablegen. Wir müssen lernen, die innere Seite der Dinge zu sehen, und die Haltung der Beobachtung gegen die unmittelbare Zuwendung und das Staunenkönnen eintauschen. Wir kennen diesen Zustand gut, weil wir ihn alle als Kind erlebt und gelebt haben: Im Alter von etwa vier Jahren erschien uns die ganze Welt faszinierend. Jede Kleinigkeit konnte uns begeistern und unsere Neugier wecken. Es gilt, diesem offenen und unmittelbaren Blick ohne Bewertung und Beurteilung, ohne Zweck, ohne Ziel wieder Raum zu geben. Dann wird der Blick frei für das Wesentliche. Dann können wir mit dem Herzen schauen.

Notwendig ist eine kontemplative Haltung. Es geht nicht darum, die Natur zu beobachten, sondern sie anzuschauen:

»Schauen ist selbstlos, Beobachten sucht etwas für sich. Wir kennen den Unterschied sehr gut. Wir würden nie bitten, Gott möge uns beobachten. Doch sind wir froh, wenn er gütig auf uns schaut« (Jalics 2011: 40). Mit diesen Worten schickt der Exerzitienmeister Franz Jalics seine Lehrlinge nicht ohne Grund als Erstes in die Natur, denn sie ist »die große Lehrmeisterin der Kontemplation« (ebd.: 38).

in praxi: Visionssuche/Quest – über die Schwelle gehen

Die wilde Natur ist die allererste Adresse, um dem wilden Gott wieder zu begegnen und – wie Adam und Eva – auf den Ruf »Wo bist du?« zu antworten. Und eine Antwort auf diese Frage setzt Mut voraus. Den Mut, das eigene »Gestrüpp« zu verlassen und umzukehren. Wenn Jesus ruft: »Kehrt um!« (Mt 4,17), dann ruft er in diese Bewegung. Zurück zum eigenen Ursprung, aber in eine Verbundenheit, in der die eigene Individualität nicht aufgelöst wird, sondern überhaupt erst ihr Lebendigsein und ihre Kreativität entfalten kann. Der Ruf ist kein Befehl und kein Appell. Es ist ein Locken und leises Werben, das Menschen bis heute an die Schwellen und Grenzen zieht, in unbekannte Gefilde, ins Abenteuer, in die Wildnis. Wo bist du? Es ist letztlich dieser Ruf, der Jesus in die Wüste zog, wo er eine Weile »bei den wilden Tieren« lebte (Mk 1,13). Es ist dieser Ruf, der Franz von Assisi hinauszog an die Grenzen der Gesellschaft und dazu führte, dass er einen großen Teil seines Lebens draußen in der Natur verbrachte.

Die Wildnis war daher auch schon immer der bevorzugte Ort, an dem Initiation stattfand. Rituale schaffen einen Raum, in dem

in praxi: Visionssuche/Quest – über die Schwelle gehen

eine Antwort entstehen kann. Ein uraltes Initiationsritual ist die »Vision Quest« oder Visionssuche, überliefert von den Ureinwohnern Nordamerikas. Es wurzelt selbst wiederum in den indigenen Traditionen Europas. Die christlichen Missionare nannten das indianische Ritual »Quest«, Suche, weil sie darin das mythologische Motiv der Suche nach dem Heiligen Gral sahen. Die Psychologen Steven Foster und Meredith Little haben die Visionssuche der Indianer in den 1980er-Jahren in den USA in eine moderne Form gebracht. Es handelt sich im Kern um eine viertägige Auszeit in der Wildnis. Allein, fastend, nur mit ein paar Kanistern Trinkwasser, einer Plastikplane als Regenschutz und mit Isomatte und einem Schlafsack als Unterschlupf verbringen die Quester etwa 100 Stunden in der Natur. Nichts ist zu tun. Nur leben, für das Nötigste jenseits aller Ablenkungen und Befriedigungen der Zivilisation sorgen und da sein. Mit diesem Ritual bekräftigen die Quester die Wandlung, die vollzogen werden will, und öffnen sich für das Neue, das der nächste Schritt bringen könnte.

Initiationsrituale sind entgegen der verbreiteten Vorstellung keine Mutprobe oder ein asketisches Training, sie sind nicht »zu schaffen«, sondern sie schaffen einen Raum für die großen Übergänge im Leben. Es sind inszenierte Krisen, die uns für alle Dimensionen des Lebens öffnen und uns damit in unser wahres Selbst einweihen. Sie beruhen auf der tiefen Einsicht, dass wir nur dann wissen, wer wir sind, wenn wir unsere Grenzen erfahren und damit überschritten haben, sagt der Ethnologe Hans-Peter Duerr. Die archaischen Menschen hatten noch »die Einsicht, dass man seine Welt verlassen musste, um sie erkennen zu können, dass man nur ›zahm‹ werden konnte, wenn man zuvor ›wild‹ gewesen war, oder dass man nur dann in der Lage war, im vollen Sinn des Wortes zu leben, wenn man die Bereitschaft gezeigt hatte zu sterben« (Duerr 1978: 58).

Genau solch eine inszenierte Krise zeigen auch die Erzählungen über die Versuchung Jesu in der Wüste (vgl. Mk 1,12–13; Mt 4,1–11; Lk 4,1–13). Die Wildnis beginnt vor unserer Haustür, wenn wir aufmerksam sind dafür. Es müssen nicht gleich vier Tage und vier Nächte abseits der Zivilisation sein. Die Vision Quest ist vergleichbar mit den 30-tägigen Exerzitien in der ignatianischen Tradition. So wie es kürzere Formen der Exerzitien gibt oder auch Exerzitien im Alltag, so gibt es auch kürzere Formen der Quest, von der 24-stündigen Solo-Auszeit bis hin zu kurzen »Spaziergängen«. Entscheidend ist dabei – wie in den Exerzitien – die Haltung, mit der wir hinausgehen.

Zur Praxis der Visionssuche und der Prozessbegleitung in der Natur gehört ganz wesentlich der Schwellengang, auch »Medizinwanderung« genannt. Das ist im Grunde eine rituelle Wanderung auf dem Antlitz der Erde. Rituell, weil die innere Haltung oder Einstellung entscheidend ist für den Unterschied zu einer normalen Wanderung. Der Wanderer verfolgt kein äußeres Ziel, sondern begibt sich auf eine innere Reise. Alles, was unterwegs geschieht, kann eine Bedeutung haben. Das setzt voraus, keiner vorgegebenen Route zu folgen, sondern sich von der Intuition führen zu lassen. Wohin zieht es mich? Zieht mich etwas an? Ein Platz, ein Felsen, ein Baum? Welches Tier begegnet mir? Welche Gedanken, Gefühle, Erinnerungen rufen ein Platz oder die Begegnung mit einem Lebewesen in mir hervor? Welche Wahrheit will sich mir mitteilen?

Der rituelle Raum wird zu Beginn bewusst betreten. So wie Mose sein Vieh »über die Steppe hinaus« in die Wüste führte,

in praxi: Visionssuche/Quest – über die Schwelle gehen

markiert eine rituelle Schwelle in der Medizinwanderung den Übergang von der sichtbaren in die unsichtbare Welt. Es ist möglich, aus Naturmaterialien eine Schwelle zu gestalten. Es kann auch eine natürliche Schwelle gewählt werden, etwa ein Durchgang zwischen Büschen oder Bäumen, der Eingang in eine Lichtung oder Ähnliches. Der Phantasie des Wanderers sind hier keine Grenzen gesetzt. Entscheidend ist, dass die Schwelle bewusst überschritten wird mit einem bewussten Anliegen, einer Frage. Um die Medizinwanderung zu beenden, ist es hilfreich, wieder über eine ebensolche Schwelle zurückzukehren. Es muss nicht dieselbe sein wie zu Beginn; es kommt darauf an, den rituellen Raum bewusst wieder zu verlassen.

Die »Medizin« lässt sich nur im rituellen Raum finden. Der Begriff stammt ebenfalls aus dem indianischen Umfeld. Diese Art von Medizin gibt es freilich nicht in der Apotheke. Es handelt sich nicht um einen Wirkstoff. Medizin meint hier vielmehr das, was in der christlichen Tradition Segen oder Gnade genannt wird. In der christlichen Tradition kennen wir die Vorstellung einer solchen »Medizin« in den Sakramenten. Auch die Wirkung und Bedeutung eines Sakraments liegt in der unsichtbaren Welt, im rituellen Raum. Die Medizin ist das, was uns jetzt als heilend erfahrbar wird und uns weiterbringt – wenn es auch bitter oder schmerzhaft sein kann. Sie kann ein »Einfall« im wahrsten Sinne des Wortes sein, weil wir sie eben nicht selbst herstellen oder bewirken können. Medizin in diesem Sinne können wir nur erbitten und uns schenken lassen, ebenso wie wir Segen nur erbitten können und Gnade immer geschenkt ist.

Ein Beispiel: Ein Mann hatte Probleme mit seiner Frau. Sie hatte sich von ihm getrennt und eine neue Beziehung begonnen.

Wegen der gemeinsamen Kinder wohnten sie aber weiterhin zusammen in einem Haus. Als der neue Partner mit einzog, wurde die Situation für den Mann immer belastender. Mit der Frage, was ihm in der Situation helfen könnte, führte ihn sein Schwellengang tief in den Wald. Erinnerungen an seine Kindheit kamen ihm in den Sinn. Als jüngstes Kind hatte er sich oft vernachlässigt und »als fünftes Rad am Wagen« gefühlt. Mit dem gleichen Gefühl war er in der aktuellen Situation konfrontiert. Auf einmal erschrak er, denn wenige Meter vor ihm kreuzte ein Fuchs den Weg, blieb stehen und schaute ihn einige Sekunden lang an. Diese ungewöhnliche Begegnung beeindruckte den Mann sehr. Er wusste, dass der Fuchs ihm etwas mitteilen wollte. In der Mythologie ist der Fuchs ein Symbol der Wildheit. Er ist verwandt mit dem Kojoten, dem Trickster-Archetyp der Indianer. Er kommt als Schelm und auch als Reineke, der sich nicht um Konventionen schert, sondern seinen eigenen Regeln folgt. Für den Mann bedeutete der Fuchs die Einladung, die eigenen Bedürfnisse nicht unter den Teppich zu kehren und sich nicht abhängig zu machen von der Anerkennung und Bestätigung der anderen. Sprich: Es nicht allen recht zu machen, sondern für sich selbst zu sorgen. Der Fuchs verkörperte die Medizin.

Alles kann zur Medizin werden. Es muss keine Tierbegegnung sein. Auch ein Stück Holz, eine Frucht oder ein Knochen kann zu einem heilsamen Symbol werden. Vielleicht führt uns ein Stein zum Bewusstsein über das, was in uns verhärtet ist. Gewalt würde ihn zerbrechen; das Wasser verwandelt die Ecken und Kanten in sanfte Rundungen und macht ihn anschmiegsam. Vielleicht erinnert uns eine Feder, die wir finden, an die Leichtigkeit, die wir suchen, und weckt die Sehnsucht nach Freiheit. Das ist nicht bloß eine Projektion, sondern die Wahrheit der Feder spiegelt sich in der Wahrheit des jeweiligen Betrachters und wird zum Symbol. Das griechische Wort *symballein* bedeutet zusammen- oder ineinanderfügen. Wir können nicht einfach alles in jeden Gegenstand hineinprojizieren, sondern es bedarf dieser symbolischen Korrespondenz. Der Spiegel in der Natur ist nicht »tot«, sondern im Grunde ein Teil von uns selbst. C. G. Jung spricht in diesem Zusammenhang von Synchronizität, wenn eine äußere Erfahrung zeitgleich mit einer inneren Erfahrung zusammenfällt.

Der Wanderer kann den Gegenstand, der für ihn zur Medizin geworden ist, auch mitnehmen, wenn es möglich ist. Die indianische Tradition kennt den »Medizinbeutel«, in dem solche sakramentalen Gegenstände aufbewahrt werden. Wir kennen in der westlichen Welt nur noch einen Medizinbeutel, und das ist das Portemonnaie. Das Geld hat in der westlichen Kultur den Platz der Medizin oder des Sakraments eingenommen. Wir sprechen ja auch vom Geldsegen. Wer Geld hat, hat Macht, hat Möglichkeiten. Die Medizin aus dem rituellen Raum verbindet uns dagegen mit einer größeren, »wilden« Macht, die nicht kontrollierbar ist. Das Heilige ist nicht käuflich.

Eine Medizinwanderung muss nicht zwingend in der Natur stattfinden. Sie ist auch in der Zivilisation, vor allem in der Stadt, möglich. Wir sind schließlich aus der Natur hervorgegangen und damit auch all das, was wir als Menschheit geschaffen haben. Alle unsere Bauten, Plätze, Fahrzeuge, die ganze menschliche Welt und Zivilisation. Wir können bei Kindern beobachten, wie Maschinen sie magisch anziehen. Sie finden Bagger toll und Autos. Später Handys und Computerspiele. Und das gilt ja nicht nur für Kinder. Maschinen sind nicht schlecht. Im Gegenteil. Ohne sie säßen wir immer noch in einer Höhle am Feuer, und wir wollen ja nicht dahin zurück. Aber Maschinen, Geräte und alles, was wir bauen und schaffen, all das kann uns daran hindern, uns mit der ganzen Fülle unserer Existenz zu verbinden, wenn wir uns davon täuschen lassen. Die Maschinen lassen uns leicht glauben, wir hätten vollständige Kontrolle. Die Täuschung wird uns dann bewusst, wenn wir an Orte des Leidens und der Armut gehen. In allen Städten gibt es hinter den hochglänzenden Fassaden schmutzige Orte des Ausgestoßenseins. Die Plätze der Obdachlosen, die Häuser der Armen direkt hinterm Bahndamm, die Industriegebiete, Schlachthöfe und andere Orte verborgener Verzweiflung. Es ist die Schattenseite unserer Welt der Technik, der Maschinen, der Macht und der Kontrolle. Wenn Jesus sagt »Ich bin der Weg« (Joh 14,6), dann meint er das wohl ganz wörtlich: Ich bin die Straße. Ihr findet mich da draußen. Darauf hat der Jesuit Christian Herwartz, der Begründer der Straßenexerzitien, aufmerksam gemacht. Wer in die Stadt hinausgeht mit der Bereitschaft, Gott zu begegnen, muss wie Mose die Schuhe ablegen und »barfuß« gehen. Gott lässt sich finden jenseits der Schutzhäute, die uns normalerweise von solchen Orten der Entfremdung fernhalten. »Barfuß« zu gehen bedeutet, dem Schatten ins Angesicht zu blicken und das Gefühl der Entfremdung zu tragen.

Franz von Assisi hat in seinem Leben beide Orte verbunden: die Straße und die Natur. Sein Kloster war die Welt, sein Kellion fand er draußen. »Kellion« nannten die Wüstenväter ihre »Zelle«, ihren Platz in der Wüste für die Meditation. So sagt der Altvater Moses zu einem Bruder, der von ihm einen Rat begehrt: »Fort, geh in dein Kellion und setz dich nieder, und das Kellion wird dich alles lehren« (Apophthegmata Patrum, 500). Genau darum geht es, wenn wir auf diese rituelle Weise hinausgehen in die Wildnis. Die Plätze und die Wesen, die wir dort finden, werden uns alles lehren. Die Begegnung ist keine Einbahnstraße. Innen und Außen gehören zusammen und bedingen einander. Vor 800 Jahren empfahl Hildegard von Bingen, sich täglich mit der »Viriditas« zu verbinden, der wilden göttlichen Kraft – oft auch übersetzt als Grünkraft –, die alles Lebendige durchdringt und bewegt und verbindet. Diese Lebenskraft, die wir dort draußen finden, ist nichts anderes als unsere Seele:

> Die Seele ist wie der Wind, der über die Kräuter weht,
> und wie der Tau, der auf die Gräser träufelt,
> und wie Regenluft, die wachsen macht.
> Genauso ströme der Mensch sein Wohlwollen aus
> auf alle, die da Sehnsucht tragen!
> Ein Wind sei er, indem er den Elenden hilft,
> ein Tau, indem er die Verlassenen tröstet,
> und Regenluft, indem er die Ermatteten aufrichtet
> und sie mit der Lehre erfüllt wie Hungernde,
> indem er ihnen seine Seele gibt.
> LIBER VITAE MERITORUM, 2,43

SOHN

Das Wort, das meinen Mund verlässt,
kehrt nicht leer zu mir zurück.
JES 55,11

Denn in ihm leben wir, bewegen wir uns und sind wir.
APG 17,28

Er ist das Ebenbild des unsichtbaren Gottes,
der Erstgeborene der ganzen Schöpfung.
KOL 1,15

Von der Tiefe bis hoch zu den Sternen überflutet die Liebe
das All, liebend ist sie zugetan allem.
HILDEGARD VON BINGEN

Gott erschuf alle Dinge so, dass sie nicht außerhalb von ihm sind, wie unwissende Menschen meinen. Vielmehr fließen zwar alle Kreaturen aus, bleiben jedoch in Gott.
MEISTER ECKHART

Mein Geliebter ist alles,
die Berge, die bewaldeten einsamen Täler,
die unbewohnten Inseln,

die rauschenden Flüsse,
das Flüstern der lieblichen Lüfte;
die friedliche Nacht
sowie die aufsteigende Morgenröte,
die schweigende Musik,
die klangvolle Einsamkeit,
das Abendmahl, das belebt und Liebe wirkt.
JOHANNES VOM KREUZ

Mein Ziel ist wahre Schönheit.
MAHATMA GANDHI

Mit Christus durch das Lebensrad

Das Abenteuer des wilden Gottes ist das Abenteuer des Lebens. Seit Urzeiten gehen wir durch die Zyklen von Werden und Vergehen. Der Kreis oder das Rad ist ein universelles Symbol dafür. Wir gehen von Speiche zu Speiche, von Übergang zu Übergang. Biologisch unterscheiden wir uns da nicht von unseren Vorfahren. Die alten Werkzeuge aus Stein haben wir freilich eingetauscht gegen Computer und Smartphone. Die Brüche und Übergänge in unserer Biografie sind jedoch dieselben geblieben. Wir reifen heran und erleben, wie sich unsere Persönlichkeit in der Pubertät verändert und wie wir erwachsen werden. Und auch wenn wir den genauen Zeitpunkt der Lebensmitte nicht kennen können, so wissen wir doch, was es bedeutet, den Zenit zu überschreiten und in den Herbst des Lebens einzutreten. Wir wissen, was es bedeutet, Neuanfänge zu wagen und Krisen zu überstehen, und das Alter und der Tod sind die letzten großen Lehrmeister auf dem Lebensweg.

Die Übergänge im Leben, die Speichen im Lebensrad, konfrontieren uns mit wesentlichen Fragen: Was ist mein Platz in der Welt? Was ist meine Gabe für die Welt? Wie kann ich mein Potenzial entfalten und so etwas finden wie »Erfüllung«? Hat mein Leben jenseits aller Nützlichkeit einen tieferen Sinn? Was bleibt von meiner Existenz? Wir wollen uns genauer anschauen, wie das Lebensrad als Modell funktioniert, denn es kann uns auch unsere religiöse Tradition aufschließen und fruchtbar machen für das alltägliche Leben.

Das Lebensrad als Orientierungsmodell

Das Rad des Lebens dreht sich und nimmt uns mit. Wir werden geboren ohne unser Zutun und müssen uns vom warmen und sicheren Mutterleib verabschieden in eine kalte, aber auch aufregende Welt mit neuen Horizonten. Wenn wir sterben, wissen wir nicht, was mit uns geschieht, und andere gestalten diesen letzten Übergang – möglicherweise nach unserem Willen, aber weniger für uns, sondern mehr für sich selbst, weil sie jetzt ohne uns weiterleben. Die Übergänge zwischen Geburt und Tod gehen dagegen nicht »von selbst«. Sie bedürfen unserer direkten Mitwirkung: Wenn wir erwachsen werden, eine Familie gründen, eine Ausbildung beginnen oder beenden, wenn wir umziehen und eine neue Arbeit antreten, dann sind wir mitverantwortlich für die Gestaltung dieser Veränderungsprozesse. Ob wir vor Entscheidungen stehen oder mit Katastrophen konfrontiert werden und in Krisen geraten – alle Übergänge im Rad des Lebens sind mit Grenzerfahrungen verbunden.

Unsere Seele strebt auf ganz natürliche Weise nach solchen Grenzerfahrungen. Es ist, als wüsste sie, dass sie sich durch solche Erfahrungen transformieren und nur so wachsen kann. Wir können versuchen, alles »richtig« zu machen, aber wir werden feststellen, dass uns oft gerade unsere Fehler weiterbringen. Es geht hier nicht um Richtig oder Falsch, sondern es bedarf der Hingabe und der Bereitschaft, sich auf das Ganze einzulassen, damit immer wieder etwas Neues entstehen kann und wir unser ganzes Potenzial weiterentfalten können.

Diese natürliche Bewegung der Seele findet in der westlichen Kultur wenig Anerkennung. Wir haben alle Übergänge mehr oder weniger pathologisiert: Tod, Alter, Pubertät, selbst die Geburt findet mittlerweile fast nur noch im »Krankenhaus« statt. Wir kultivieren die Illusion einer ewigen Jugend, die das erbarmungslose Vergehen überwinden soll.

Unsere Gesellschaft hat sich geradezu einem Jugendwahn verschrieben. Die Alten in unseren Illustrierten und der Werbung sind agil, gesund und autonom. Konservierte Jugendliche. Wenn wir die Übergänge und die mit ihnen verbundenen Abschiede aber nicht bewusst vollziehen, kommen wir früher oder später ins Schlingern und Stolpern und Stocken. Wir stecken fest im Lebensrad und leben im Grunde in der Depression. Anti-Aging-Produkte oder Psychopharmaka oder Betäubungsmittel können helfen, die Symptome nicht vollzogener Übergänge zu beseitigen. Aber sie werden das Problem nicht lösen, sondern hindern die Seele am Wachstum.

Durch das Lebensrad zu gehen ist ein Abenteuer, dessen Ausgang unbekannt ist – sonst wäre es kein Abenteuer. Es bedeutet, sich in den Kokon zu wagen und als »neue Schöpfung« (Gal 6,15) wieder herauszukommen – wie der Schmetterling, der einst eine Raupe war. Jeder Übergang ist mit einer solchen Metamorphose verbunden. Das bedeutet immer, dass etwas Altes sterben muss, damit Neues entstehen kann. Jeder Anfang beginnt mit einem Ende. Das Lebensrad lehrt uns, wie wir sozusagen »sterben, bevor wir sterben«. Jeder Übergang ist ein Abglanz des Todes, des radikalsten Abschieds. Wir leben nicht in den Tod hinein, sondern wir sterben hinein ins Leben. Der Tod und somit auch jeder »kleine« Übergang fordern uns heraus, das Wesentliche in den Blick zu nehmen: »Sammelt euch Schätze im Himmel, wo weder Motte noch Wurm sie zerstören und keine Diebe einbrechen und sie stehlen. Denn wo dein Schatz ist, da ist auch dein Herz«, empfiehlt Jesus (Mt 6,19–20).

Das Lebensrad vereint zwei Symbole, die die Dynamik des Lebens versinnbildlichen: den Kreis und das Kreuz. Der Kreis markiert – wie bereits ausgeführt – das Zyklische, das ständige Werden und Vergehen. Er steht wie die kreisförmige Bahn der selbst wieder kreisförmigen Gestirne für die Harmonie des Kosmos. Der Kreis symbolisiert Konzentration und zugleich Ausdehnung und Weite und ist ein Bild für unseren inneren Kosmos. Wir erfahren uns selbst immer im Mittelpunkt, ganz gleich, wo wir uns befinden. Die Sprache verrät das: Obwohl wir zum Beispiel wissen, dass nicht die Sonne sich morgens über den Horizont bewegt, sondern die Erde sich gewissermaßen eindreht, sagen wir dennoch, dass die Sonne »aufgeht«. Die Kreisform ist ein Symbol für unsere Existenz. Wir sind wie ein Stein, der ins Wasser geworfen wurde und nun konzentrisch seine Kreise zieht. Das Kreuz mit der vertikalen und horizontalen Achse markiert dabei den Mittelpunkt, das Hier und Jetzt. Das Kreuz bildet vier zentrale Speichen im Lebensrad und damit die Grundform der Orientierung. Aus unserer subjektiven Wahrnehmung umgibt uns immer ein kreisförmiger Horizont mit vier Himmelsrichtungen, obgleich wir wissen, dass die Erde eine Kugel ist. Egal wo wir stehen, es gibt immer einen relativen Norden, Süden, Osten und Westen.

Wir können das Lebensrad mit seinen vier zentralen Qualitäten nun auf verschiedenen Ebenen betrachten. Den Himmelsrichtungen (Osten, Süden, Westen, Norden) entsprechen Tageszeiten (Morgen, Mittag, Abend, Nacht) und Jahreszeiten (Frühling, Sommer, Herbst, Winter). Diese symbolisieren auf einer weiteren Ebene die menschlichen Lebensalter als »Jahreszeiten«

des Lebens. Der Sommer im Süden steht dann für die Kindheit. Der Herbst im Westen für den jungen Erwachsenen. Der Winter im Norden für den reifen Erwachsenen. Der Frühling im Osten zugleich für das Alter und den Tod wie für die Geburt.

Diesen Jahreszeiten des Lebens entsprechen Qualitäten, in denen sich unser menschliches Leben ausprägt. Der Süden entspricht dem Körper und den körperlichen Sinneswahrnehmungen; das ist auch die Heimat des Eros und der Erotik. Der Westen entspricht der Psyche, unserem Inneren. Der Norden dem Verstand – hier ist die Heimat des Logos und der Logik – und der Osten dem Geist, der spirituellen Seite. Die Reihe der Vierheiten lässt sich immer weiter auf verschiedensten Betrachtungsebenen fortsetzen. Die vier psychologischen Grundfunktionen von C. G. Jung zum Beispiel lassen sich den Qualitäten im Lebensrad zuordnen: das Empfinden dem Süden (Körper), das Fühlen dem Westen (Psyche), das Denken dem Norden (Vernunft) und die Intuition dem Osten (Geist). Man könnte auch die vier Elemente zuordnen: Wasser, Erde, Feuer, Luft. Über die »richtige« Zuordnung lässt sich dabei trefflich streiten. Die Tatsache, dass es so viele Zuordnungsmöglichkeiten gibt, unterstreicht den universellen Charakter des Symbols.

Die Wurzeln des Lebensrades

Das Lebensrad gehört zu unserem kulturellen Erbe. Was die indigenen Völker Nordamerikas bis heute bewahren, gründet tief in der Geschichte der Menschheit und ist auch verbunden mit dem indigenen Erbe Europas. Das Radkreuz der Kelten ist ein Zeugnis dafür, das schließlich auch in die christliche Kultur eingegangen ist. Die irischen Missionare, die zwischen den Jahren 600 und 1000 n. Chr. den europäischen Kontinent bereisten, verbanden das Evangelium vom Tod Christi am Kreuz und von seiner Auferstehung mit der heidnischen Überlieferung und ihren Symbolen. Mit ihrer Arbeit waren sie sehr erfolgreich. Vermutlich lag das auch daran, dass sie nicht wie andere Missionare die vorherrschende Kultur als »heidnisch« bekämpften, sondern versuchten, in allem das Evangelium zu sehen. Heute sagen wir dazu Inkulturation.

Die Spuren davon finden sich im kirchlichen Jahreskreis, der mit seinen Festen, Zyklen und Zeiten eng verwandt ist mit dem vorchristlichen Kalender. Oder andersherum: Wenn wir etwas über die indigenen Kulturen Europas erfahren wollen, beispielsweise über die Kelten, dann werden wir fündig in den Geschichten und Ritualen, die sich etwa um katholische Heilige und Feiertage ranken. Das Kräutersammeln an Mariä Himmelfahrt gehört dazu genauso wie die Johannisfeuer und Ähnliches. Spuren davon finden sich später bei Hildegard von Bingen, bei der das Rad des Lebens ein wesentliches Symbol ihrer kosmischen Visionen ist, ohne dass sie sich je direkt auf irgendwelche »heidnischen« Quellen beruft. Vermutlich gründet auch die Naturliebe des heiligen Franziskus in der iro-keltisch-christlichen Tradition. Auch er benennt das freilich nirgendwo direkt. Aber in seinem berühmten »Sonnengesang« besingt er mit Bruder Sonne und Schwester Mond zunächst die Gestirne auf ihren Kreisbahnen und dann die vier Elemente, die die Schöpfung symbolisieren: Bruder Wind, Schwester Wasser, Bruder Feuer und schließlich »unsere Schwester Mutter Erde«. Hätte sich die ganze Kirche

Die Wurzeln des Lebensrades

an den iro-keltischen Missionaren, Hildegard von Bingen und Franz von Assisi und anderen in dieser Tradition orientiert, wäre es vielleicht nie zu so etwas wie Hexenverbrennungen gekommen und damit zur nahezu vollständigen Vernichtung unseres indigenen europäischen Erbes. In anderen Ländern der Welt, wo es noch Indigene gibt, wie in Brasilien, versucht gerade die Kirche heute vielfach, ihre Kultur und Sprache zu erhalten und auch eine indigene Theologie zu fördern. In diesem Sinne bedeutet die Arbeit mit dem Lebensrad auch, sich wieder mit den eigenen Wurzeln zu verbinden.

Für die Visionssuche bzw. Quest und die initiatorische Prozessbegleitung ist das Lebensrad als Modell ein ganz zentrales Werkzeug. Die Vorbereitung auf die persönliche Auszeit dient immer dazu, sich den momentanen Standpunkt im Leben bewusst zu machen. Woher komme ich? Wo stehe ich und wer bin ich jetzt? Wohin kann und will ich gehen? Wer kann ich werden? Das Lebensrad hilft dabei wie ein innerer Kompass, das eigene Eingebettetsein in universale Wandlungsprozesse und ein größeres Ganzes zu erkennen. Es kursieren heute zahlreiche Radmodelle. Die Fassung, mit der ich arbeite, ist im Wesentlichen inspiriert von dem naturpsychologischen Entwicklungsmodell der »vier Schilde«, das Steven Foster und Meredith Little in den 1980er-Jahren entwickelt haben. Sie »übersetzen« damit archaische Radmodelle, die sie bei den Ureinwohnern Nordamerikas vorfanden, in die Sprache der Psychologie.

Das Lebensrad löst in der Regel bei denen, die es kennenlernen, so etwas aus wie ein Aha-Erlebnis. Seine Entdeckung ist im Grunde eine Wiederentdeckung von etwas, das tief in unsere Seele eingeschrieben ist. Wir kennen das Rad schon, weil wir ein Teil davon sind, ob wir es wissen oder nicht, ob wir es wollen oder nicht. Das Lebensrad ist ein pankulturelles und universelles Symbol. Es kann kollektiv verstanden werden, weil es archetypisch ist. Wenn wir uns das Lebensrad bewusst machen, dient es als Wegweiser für den spirituellen Weg – und das ist der Lebensweg. Wir können nicht nichtspirituell sein; die Frage ist, *wie* wir diese Dimension und Qualität unseres Lebens verwirklichen. Oder anders gesagt: Das Lebensrad hält uns immer wieder den Spiegel vor und konfrontiert uns mit der Frage, »wes Geistes Kind« (Lk 9,55) wir sind. Das ist die Frage Jesu an seine Jünger, die ein Dorf abbrennen wollten, in dem man sie nicht aufgenommen hatte. Sie waren offensichtlich wütend über die Ablehnung. Wie umgehen mit der Erfahrung von Verletzung und Schmerz, welcher Art und Ursache auch immer? Jesus erinnert seine Jünger daran, dass der Menschensohn gekommen ist, Leben zu retten und nicht zu vernichten. Er erinnert sie also an die »Vision«, der sie sich verschrieben hatten. Er ordnet den Zwischenfall in das Große und Ganze ein, und es gelingt, die Wut aufzulösen. Die Jünger ziehen mit ihm in ein anderes Dorf. Das Lebensrad hilft genau in dieser Weise, Krisen zu erkennen und ins Ganze einzuordnen, um nicht steckenzubleiben, weder in Aggression noch in Depression.

Der Christus im Rad

Wer als Christ auf das Lebensrad schaut, blickt in den Spiegel der Schöpfung und erblickt dort zugleich den Gekreuzigten und Auferstandenen: »Wir wurden mit ihm begraben durch die

Taufe auf den Tod; und wie Christus durch die Herrlichkeit des Vaters von den Toten auferweckt wurde, so sollen auch wir als neue Menschen leben« (Röm 6,4). Der Christus am Kreuz ist der Christus im Rad. Christus im Süden – der Gott, der »Fleisch angenommen hat«, der nackte Säugling in der Krippe, der Heiler, der Menschen berührt; der sanftmütige Bruder, der allen mit Liebe und Zuneigung begegnet, der Genießer, den seine Feinde einen »Fresser und Säufer« nennen, weil er gern feiert. Christus im Westen – der Dämonenaustreiber, der sich als spiritueller Held mutig dem Satan stellt, der Familienbande überwindet und seinen eigenen Weg findet, der Kritiker der reinen Gesetzlichkeit, der prophetisch auftritt und Regeln bricht, der sein Leben für das Große und Ganze hingibt. Christus im Norden – der Rabbi, Lehrer und Meister, König und Weltenrichter; ein Überbringer ewiger Gesetze, der den Schwachen und Verlorenen beisteht und sein Volk rettet. Christus im Osten – der wahre Mensch und wahre Gott, der kosmische Christus, »geboren vor aller Zeit«. Der Christus im Rad macht deutlich, dass es kein Christentum jenseits dieser Welt und ihrer Wirklichkeit geben kann. Das wäre ein falsches Christentum ohne Seele.

Das christliche Glaubensbekenntnis ist bezeichnenderweise gerade kein System von Lehrsätzen, sondern selbst Abbild einer Quest, einer Heldenreise: geboren, gelebt, gelitten, gestorben, begraben, hinabgestiegen, auferstanden. Christus ist der Held auf dem Weg durch das Lebensrad. In allen Mythen und Sagen finden sich die gleichen Muster dieser Reise – das hat der Mythenforscher Joseph Campbell ausführlich dargestellt in seinem Klassiker »Der Heros in tausend Gestalten«. Das Christentum oder der »Christusmythos« ist nicht vom Himmel gefallen. Es bringt gar keine neue Geschichte, die alle anderen Geschichten ungültig macht. Ganz im Gegenteil. Christus erfüllt all die erstaunlichen und verschlungenen Wege aller Helden und Heldinnen in den Mythen und Geschichten, die zu allen Zeiten von Menschen erzählt wurden und werden, und richtet sie aus auf den Ursprung, der zugleich das Ziel aller Dinge ist: Gott. Christus kann in allen Geschichten verborgen sein, und sie sind dann in Christus geborgen, eben »geschaffen vor aller Zeit«.

Der Christus im Lebensrad erinnert uns daran, dass wir selbst Helden und Heldinnen sind, die das Leben ins Abenteuer ruft. Wer nimmt den Ruf an? Unsere Herausforderung liegt heute weniger im Äußeren. Es gibt »draußen« keine wahren Abenteuer mehr, weil in unserer Umgebung nahezu alle Geheimnisse gelüftet sind. Es reicht auch gewiss nicht mehr, wilde Tiere zu erlegen oder Krieg zu führen gegen feindliche Stämme – auch wenn manche sich damit offenbar immer noch zufriedengeben. Selbst die Erforschung der Tiefen des Meeres und der Weiten des Weltalls beantwortet nicht unsere existenziellen Fragen, sondern wirft nur immer neue auf. Das Abenteuer ist vielmehr innerer Natur, wie Joseph Campbell am Ende seines Buches schreibt: »Der Mensch selbst ist jetzt das zentrale Geheimnis. Er ist jene fremdartige Erscheinung, mit der die Mächte des Egoismus fertigzuwerden haben, durch die das Ich ans Kreuz geschlagen wird und wieder auferstehen muss. ... Und so teilt jeder von uns das höchste Gottesgericht und trägt das Kreuz des Erlösers – nicht in den Augenblicken großer Stammessiege, sondern im Schweigen seiner einsamen Verzweiflung« (Campbell 1999: 374).

Folgen wir also der Sehnsucht, die nicht länger warten kann. Gehen wir auf die Reise mit Christus durch das Lebensrad.

Der Christus im Rad

... der auferstanden ist
... der in den Himmel aufgefahren ist
Jesus, ...
... der nackt geboren wurde
... der in dieser Welt gelebt hat
... der gelitten hat
... der im Grab gelegen hat

Norden — Initiation — Winter — Nacht — Vernunft (Logos) — König/Königin — Erwachsene/r

Osten — Tod — Frühling — Morgen — Geist (Intuition) — Magier/Magierin — weise/r Älteste/r

Süden — Geburt — Sommer — Mittag — Körper (Eros) — Liebhaber/Liebhaberin — Kind

Westen — Pubertät — Herbst — Abend — Psyche (Fühlen) — Krieger/Kriegerin — Junge/r Erwachsene/r

Der Christus im Rad
Abbildung in der Mitte: Bronzenes Radkreuz
von Friedrich Pohl.

Nackt dem nackten Christus folgen

Wir tragen alle den Sommer in unseren Herzen. Das Zirpen der Grillen in lauen Nächten. An Tagen, die nicht enden. Den Geschmack reifer Beeren. Den harzigen Duft der Kräuter. Nackte Haut. So soll es bleiben. Und bitte noch mehr davon. Der Sommer gehört den Kindern. Sie sind »nackt, aber sie schämen sich nicht voreinander« (Gen 2,25). Es gibt einen Teil von uns, der ist unschuldig, weil es da nichts zu bewerten und nichts zu beurteilen gibt.

Der Sommer und der Süden stehen im Lebensrad für den Körper und alles, was zu ihm gehört: Was wir spüren, sei es Lust oder Angst, Freude oder Ekel, Wut oder Erregung. Das alles geht aus uns hervor, weil wir ein Körper sind. Wir sind ängstlich. Wir sind voller Lust. Wir sind der Traum. Das Bewusstsein, das Gewissen, die Analyse und die Interpretation, all das kommt danach. So sind Kinder. Und wir alle tragen unser inneres Kind in uns. Wie begegnen wir ihm, wie gehen wir mit ihm um?

Der Archetyp des Südens ist der Liebhaber oder die Liebhaberin. Auch Franz von Assisi verkörpert diese Energie des Eros und ist ein Kind des Sommers. 1206 – im Alter von etwa 25 Jahren – bricht er nach einer heftigen Auseinandersetzung vollständig mit seinem Vater und seiner bürgerlichen Vergangenheit. Mitten auf dem Marktplatz vor den weltlichen Richtern, dem Bischof und den Zuschauern entkleidet er sich bis auf die nackte Haut, gibt seinem Vater symbolisch Kleidung und Geld zurück und zieht in die Wildnis, um »nackt dem nackten Christus zu folgen«. So lautete das Motto mittelalterlicher Armutsbewegungen, das sie vom

Kirchenvater Hieronymus übernommen hatten. Oft wird diese radikale Nachahmung Christi allerdings vom Ende her gedeutet: Franziskus kurz vor seinem Tod, gezeichnet von den Wundmalen. Wenn wir nur diese Seite sehen, identifizieren wir die Nacktheit mit dem Ausgeliefertsein Christi und deuten sie ausschließlich vom Leiden und Kreuz her. Es gibt aber auch die andere Seite. Die Nacktheit des heiligen Franziskus auf dem Marktplatz singt auch das Lied von Befreiung und Weite, Unabhängigkeit und Lebenslust, ohne nach dem Wie und Warum und dem Morgen zu fragen. Es ist in jeder Hinsicht ein Akt der bedingungslosen Hingabe, die die Kraft des Eros ausmacht.

Franz von Assisi ist selbst zum Symbol für ein »nacktes« Christentum aus Fleisch und Blut geworden. Menschwerdung ist Fleischwerdung. Gott hat in Jesus Christus »Fleisch angenommen«, heißt es im Glaubensbekenntnis. Und das heißt nicht bloß, dass Gott das Fleisch »angenommen« hat. Es bedeutet, dass der Körper der Ort ist, an dem sich das Heil Gottes verwirklicht. Und es gibt kein anderes Medium. Paradoxerweise ist gerade das für viele Christen bis heute eine Zumutung. Und viele Nichtchristen würden wahrscheinlich ihren Ohren nicht trauen, weil sie das Christentum eher mit Leibfeindlichkeit in Verbindung bringen.

In einem Artikel über Sexualität schreibt der amerikanische Franziskaner Richard Rohr: »Wenn ich der Teufel wäre und das Christentum zerstören wollte, dann würde ich die Christen dazu bringen, ihre Körper zu hassen und zu fürchten« (Rohr 1993: 129). Die materielle Welt als Ort der Begegnung mit dem Göttlichen, das ist für viele Christen im Westen eher ein Ärgernis als eine frohe Botschaft. Sie würden lieber »in den Himmel auffahren, als Gott ins Fleisch kommen lassen«, sagt Richard Rohr. Vielleicht konzentriert sich das westliche Christentum deshalb oft nur auf die Abgründe des körperlichen Leidens Jesu bei seiner Kreuzigung, weil sich damit die Unerhörtheit der Inkarnation, der Fleischwerdung Gottes, ein wenig rechtfertigen lässt. Wenn schon im Körper, dann muss es wehtun. Aber: Das ist nur die halbe Wahrheit. Und – um mit Richard Rohr zu sprechen – der Teufel hat doch ganze Arbeit geleistet, wo es ihm gelingt, uns die schöne Seite der Körperlichkeit zu verleiden.

Sie küsste seine Füße und salbte sie (Lk 7,38)

Christen müssten eigentlich gegen jede Form von Körperfeindlichkeit immun sein. Nacktheit dürfte gerade den Christen nicht peinlich sein, weil ihr Erlöser und Heiland wie jeder Mensch nackt geboren wurde und nackt starb. Jesus wirkte nicht nur durch Worte, sondern auch mit seinen Händen. Er berührte Menschen, um sie zu heilen. Und er ließ sich auch berühren. Da ist der Jünger, »den Jesus liebte«, der beim letzten Mahl an Jesu Seite lag, den Kopf auf die Brust gelehnt, erzählt uns der Evangelist Johannes (Joh 13,23–25). Alles deutet darauf hin, dass dieser zärtliche Umgang unter den Jüngern Jesu zum Alltag gehörte. Wenn Christen sich am Vorbild Jesu ausrichten, dann müsste es möglich sein, dass auch Männer andere Männer liebevoll berühren können. Warum kommt in der westlichen Welt da gleich der Verdacht auf, die Männer verfolgten ein sexuelles Interesse? In der westlichen Kultur wird die Sexualität überhaupt und überwiegend auf die Genitalien und den Austausch entsprechender

Körperflüssigkeiten reduziert. Zu unserer Wirklichkeit als geschlechtliche Wesen gehört es aber auch, Intimität, Spiritualität und einen heilsamen Umgang mit dem Körper und allem Körperlichen zu kultivieren.

Jesus war alles andere als körperfeindlich. Und das gilt – wie gesagt – nicht nur für die Abgründe der Körperlichkeit, Schmerz und Leid, die er nicht gescheut hat. Jesus hatte offensichtlich keine Schwierigkeiten mit körperlichen Genüssen und Freuden. Seine Gegner haben ihn einen »Fresser und Säufer« und »Freund der Zöllner und Sünder« (Lk 7,34) genannt. Jesus hatte wohl nichts gegen gutes Essen und verkehrte wohl auch in einem Bereich, den wir heute vielleicht als »Rotlichtmilieu« bezeichnen würden. In der westlichen Welt scheint die wichtigste Frage zu sein, ob er da auch Sex hatte. Jesus würde wahrscheinlich über die Frage lachen wie ein alter indischer Tantralehrer, der sich über die sexuellen Obsessionen der Westeuropäer wundert.

Tatsache ist, dass Jesus sich auch von Frauen berühren ließ und diese Begegnungen offensichtlich sehr wichtig für ihn waren. Der Evangelist Lukas erzählt, wie eine »Sünderin«, also vermutlich eine Prostituierte, Jesu Füße mit kostbarem Öl salbt und abküsst. Sie küsst sie nicht nur einmal, sondern sie küsst sie »unaufhörlich« (Lk 7,45). Die Erotik in der Szene ist schwer zu leugnen: Sie trocknet seine Füße mit ihren Haaren und küsst sie. Und die Szene ist eine Provokation für den Gastgeber, einen Pharisäer, der den Vorgang offensichtlich für nicht akzeptabel hält: Jesus müsste doch wissen, »was das für eine Frau ist, von der er sich berühren lässt« (Lk 7,39). Jesus hat nicht nur nichts dagegen, sondern er stellt die Sünderin auch noch als Vorbild hin: Er lenkt den Blick auf die »Liebe, die sie gezeigt hat« (Lk 7,47).

Auf die kommt es an. Jesus fragt nicht nach Bedingungen. Jesus schaut ins Herz.

Später wird Jesus nach dem letzten Mahl seinen Jüngern die Füße waschen mit der gleichen Hingabe: »Ich habe euch ein Beispiel gegeben, damit auch ihr so handelt, wie ich an euch gehandelt habe« (Joh 13,15). Statt es ihm gleichzutun, streiten konservative Christen darüber, ob es erlaubt ist, dass Papst Franziskus Strafgefangenen, Frauen und Muslimen am Gründonnerstag die Füße wäscht. Den Streit versteht kaum jemand. Das Zeichen dagegen versteht fast jeder, ob Christ oder nicht, denn die »körperliche« Wahrheit ist unmittelbar verständlich. Oder auch so: Jede Wahrheit ist zuerst und im Grunde körperlich, sonst ist es keine Wahrheit.

Das Geheimnis der Inkarnation

Der Körper ist nicht bloß das Gefängnis der Seele. Diese Idee haben wir von den alten Griechen geerbt. Sie hat das Christentum leider stärker beeinflusst als die biblische Tradition. Auch in franziskanischen Quellen findet sich die Auffassung, dass die Seele umso freier werde, je härter der Körper gezüchtigt wird. Ja, der Körper sei geradezu der Feind der Seele, immer darauf aus, den Menschen zum Bösen zu verführen. Auch Franz von Assisi hat seinen Körper gezüchtigt und sich Gewalt angetan, so sehr, dass er kurz vor seinem Tod öffentlich bekannte, »er habe viel gegen Bruder Leib gesündigt« (Gef 14,3). Möglicherweise haben seine Biografen auch ein wenig übertrieben, wenn sie von asketischen Exzessen berichten, weil diese zu jener Zeit hoch im Kurs standen.

Dass Franz von Assisi seinen Körper »Bruder Leib« nennt, wahlweise auch »Bruder Esel«, lässt aber schon durchscheinen, dass er doch kein feindliches Verhältnis zu seinem Körper und allem Körperlichen unterhielt. Jedenfalls hält die Überlieferung auch fest, dass er sich für einen »klugen Umgang mit Bruder Leib« einsetzt: »Ein Knecht Gottes muss seinen Leib im Essen, Schlafen und anderen Bedürfnissen mit Klugheit zufriedenstellen, damit Bruder Leib nicht murren kann, indem er sagt: ›Ich kann weder aufrecht stehen noch in meinen Bedrängnissen frohlocken und andere gute Werke vollbringen, weil du mich nicht zufriedenstellst‹« (Per 120,7). Und als ein Mitbruder das strenge Fasten nicht mehr aushält, lässt Franziskus für alle auftischen. Es ging ihm um die Verherrlichung Gottes – nicht *gegen* den Leib, sondern *mit* dem Leib. Wir sind geschaffen als Gottes Abbild. Gott ist Mensch geworden. Der Körper ist nicht das zu überwindende Hindernis, sondern der Ort, an dem die Begegnung mit Gott stattfindet. Es geht nicht um Selbst-Überwindung, sondern um wahre Selbst-Verwirklichung. Man könnte auch sagen: nicht Selbst-Beherrschung, sondern Herrschaft des Selbst.

Der Körper ist der Ausdruck unserer Wünsche, unserer Gefühle, unseres Wollens, unseres Handelns, unseres Soseins. Er »verkörpert« unser Selbst. Das ist ein biologisches Faktum und gilt auch für alltägliche Situationen: Wenn wir beispielsweise an eine Unfallstelle kommen und sehen dort jemanden liegen, vielleicht blutend, dann reagiert der Körper schon, bevor das Bewusstsein einsetzt. Adrenalin wird ausgeschüttet, das Herz schlägt schneller, und wir sind in Handlungsbereitschaft. Als Säuglinge und Kinder, wenn wir noch nicht sprechen können, haben wir gar keine andere Möglichkeit, als uns körperlich zu

Das Geheimnis der Inkarnation

äußern. Und auch als Säuglinge wollen wir nicht nur versorgt werden, wir wollen gesehen und verstanden werden: »Du bist da, wir nehmen dich wahr.« Später sprechen wir nicht nur mit Worten, sondern immer auch mit dem Körper. Wir nehmen eine bestimmte Haltung ein, wir nehmen Kontakt auf mit den Augen – oder eben nicht. Psychologen können unsere Körpersprache heute sehr genau lesen und verstehen. Wir können mit Worten lügen, aber nicht mit dem Körper.

Der Körper ist auch Gedächtnis. Psychologen wissen, dass zum Beispiel seelischer Schmerz immer auch körperliche Auswirkungen hat. So tragen wir viele Wunden am Körper, die von vergangenen Verletzungen herrühren: die Wunden der Erniedrigung, die uns widerfährt, wenn wir ausgelacht werden, weil wir zu klein, zu dick, zu groß usw. sind. Die Wunden der Scham, wenn bestimmte Körperregionen zu Tabuzonen erklärt werden, keinen Namen bekommen und im Grunde natürliche Verhaltensweisen für »schmutzig« und nicht akzeptabel erklärt werden. Ganz zu schweigen von den Wunden, die uns direkt körperlich zugefügt werden in jeglicher Form gewalttätigen Missbrauchs.

Es ist das tiefe Geheimnis des Christentums, dass gerade dieser Körper, so wie er ist, der Ort der Gottesbegegnung sein soll. Nicht nur die Seele oder der Geist *im* Körper, sondern *der* Körper. »Vielleicht sollten wir ... unseren Körper als Mikrokosmos einer viel größeren Seele und eines viel größeren Geistes« sehen, sagt Richard Rohr (Rohr 1990: 129). Als Thomas zweifelte, sollte er mit seinen Händen die Wunden Jesu berühren, erzählen sich die ersten Christen. Diese Berührbarkeit des Göttlichen in der Verwundung gehört zur Urvision des Christlichen. Was wäre, wenn Menschen in dieser Offenheit einander ihre Wunden und ihre verwundbare Seite zeigen würden, ohne einander zu verletzen? Heilung entsteht nicht durch Überwindung, sondern durch echte, liebevolle Berührung der Wunden und ihrer Narben.

in praxi: Süden – mit dem inneren Kind gehen

Wenn eine Lebensphase zu Ende geht und eine neue beginnt, begegnen wir dem inneren Kind, das wir in uns tragen. Dann spüren wir die alten Wunden, besonders wenn sie noch offen und in unserem Leben wirksam sind. Um den Schmerz zu ertragen, haben wir als Kinder Strategien entwickelt, die unser Überleben sichern. Jetzt geht es darum, den vergangenen Schmerz des Kindes vom aktuellen Schmerz des Erwachsenen zu unterscheiden. Sonst besteht die Gefahr, dass wir die vergangenen Erfahrungen auf heutige Situationen oder Menschen projizieren.

Sich mit dem Süden des Lebensrades zu verbinden heißt, sich dem inneren Kind zuzuwenden. Als die Leute ihre Kinder zu Jesus bringen, wollen die Jünger sie davon abhalten. Die Szene ist wie ein Symbol unseres Inneren: Auch wir schicken unser inneres Kind weg. Wir lassen es in der Ecke stehen, wir lassen es weinen. Manch einer lässt es regelrecht verhungern, weil wir uns eben anpassen und die eigenen Bedürfnisse zurückstellen. Jesus weiß, dass kein Weg am inneren Kind vorbeiführt. Deshalb sagt er: »Lasst die Kinder zu mir kommen, ihnen gehört das Himmelreich!« (Lk 18,16; Mk 10,14; Mt 19,14).

Sich mit dem Süden des Lebensrades zu verbinden heißt, das innere Kind zu sich zu holen. Wir können entdecken, dass wir selbst für unser inneres Kind sorgen können, ihm den Trost und die Zuwendung geben können, die es früher gebraucht hätte. Wir werden erfahren, dass es hinter dem Ballast von Verwundung und Leid einen unverletzten Kern gibt.

Übungen für den Süden

Geh hinaus über die Schwelle mit der Frage: Was gibt es zu genießen? Lass dich von der Antwort finden und genieße. Dann suche Kontakt zu einem Wesen in der Natur. Wie nimmst du Kontakt auf? Probiere verschiedene Weisen aus. Welche entspricht dir am meisten? Welche nicht?

Geh hinaus über die Schwelle und nimm dein inneres Kind an die Hand. Was würde es jetzt tun? Welcher Platz würde ihm gefallen? Du kannst dich von deinen Sinnen treiben lassen, dir die Welt von deinem inneren Kind zeigen lassen. Du kannst es anschließend fragen, was es von dir als »Mutter« oder »Vater« braucht.

Mit dem Schatten tanzen

Es gibt einen kalendarischen Herbstanfang und es gibt den Tag, an dem der Herbst da ist. Kein Kalender kann den genauen Zeitpunkt vorhersagen, an dem der Sommer tatsächlich endet. Dieser Zeitpunkt ist selten identisch mit der astronomischen Tag- und Nachtgleiche, wenn die Tage beginnen, wieder kürzer zu werden. Aber irgendwann um diese Zeit herum duftet es plötzlich nach Laub, reifen Früchten und Regen. Jetzt ist Herbst. Ähnlich wie der Kalender ist auch das Lebensrad nicht dazu geeignet, den genauen Punkt vorherzubestimmen, an dem eine Lebensphase endet und eine neue beginnt. Das Lebensrad hilft vielmehr, die verschiedenen Qualitäten zu unterscheiden. Tatsache ist: Jeder Sommer endet und der Herbst kommt. Da gibt es nichts zu diskutieren. Wir können es für falsch halten und uns dagegen auflehnen. Das wird den Herbst nicht hindern.

Der Westen im Lebensrad symbolisiert den Herbst und die dunkle Zeit, die uns herausfordert, »unsere Tage zu zählen«. Der Westen kann uns »ein weises Herz« schenken (Ps 90,12). Er versinnbildlicht geradezu die Qualität der Unterscheidung und der Entscheidung: »Alles hat seine Stunde. Für jedes Geschehen unter dem Himmel gibt es eine bestimmte Zeit: eine Zeit zum Gebären und eine Zeit zum Sterben, eine Zeit zum Pflanzen und eine Zeit zum Abernten der Pflanzen« (Koh 3,1–2). Der Herbst ist eine Zeit der Fülle – die Ernte ist eingebracht, die Kammern sind hoffentlich voll – und zugleich eine Zeit des Sterbens. Es führt kein Weg daran vorbei, die Fülle wieder loszulassen. Die Pflanzen vergehen oder ziehen sich in die Wurzeln zurück. Ihre

Samen liegen im Erdgrab. Das ist der Lauf der Dinge, damit im Frühjahr neues Leben entstehen kann. »Wenn das Weizenkorn nicht in die Erde fällt und stirbt, bleibt es allein«, sagt Jesus (Joh 12,24).

Der Westen führt uns hinab in die dunklen Höhlen und Keller der Seele. Hier liegen jene Aspekte unserer Persönlichkeit verborgen, die wir der Außenwelt in der Regel nicht zeigen. C. G. Jung nannte das den Schatten. Dort können sogenannte schlechte Eigenschaften liegen wie Neid, Eifersucht, Hass. Es können aber auch sogenannte gute Eigenschaften in den Schatten wandern wie Neugier, Kreativität oder auch ein starker Wille. Ob wir diese Eigenschaften jeweils für schlecht halten und sie verstecken oder ob wir sie für gut halten und uns nur nicht getrauen, sie auszuleben, spielt keine Rolle. Entscheidend ist, ob sie im wahrsten Sinne des Wortes ein Schattendasein führen. Wenn wir uns dieser Anteile nicht bewusst sind, dann bestimmen sie unter Umständen aus dem Unbewussten unser Handeln, ohne dass wir die Kontrolle darüber behalten. In der Regel projizieren wir dann unseren Schatten auf andere. Das, was wir an anderen nicht mögen, kritisieren oder beneiden, ist oft genau das, was wir uns selbst nicht erlauben. Augenfällig wird das beispielsweise in der Sexualität. Menschen, die ihre sexuelle Orientierung oder bestimmte Vorlieben in den Schatten verbannt haben, lassen sich unter Umständen von ihrer Sexualität zu Handlungen hinreißen, die sie später bereuen. Alles, was wir verdrängen, meldet sich bei passender oder unpassender Gelegenheit machtvoll zurück und fordert uns heraus.

Verkauf alles, was du hast! (Lk 18,22)

Der Schatten erscheint in der Bibel in Verbindung mit bösen Geistern, die Macht über Menschen haben können. Jesus tritt als Exorzist auf: »Ich treibe Dämonen aus und heile Kranke« (Lk 13,32); so bezeichnet er selbst seine Hauptbeschäftigung. Die Dämonen haben in den Geschichten großen Respekt vor Jesus; sie wissen, wer er ist und welche Macht er als Gottessohn mitbringt. Die Austreibung beendet die Besessenheit und die Dämonen haben keine Macht mehr über ihre Opfer. So erbitten die Geister einmal selbst von Jesus, in eine Schweineherde einfahren zu dürfen (Mk 5,1–20). Die zeitgenössischen Leser und Hörer dürfte das sehr erheitert haben, auch wenn wir den hintergründigen Witz heute nicht mehr auf Anhieb verstehen. Der Name des Dämons lautete »Legion« und erinnerte an die Zehnte Legion, jene römische Heereseinheit, die im Auftrag des römischen Kaisers das Land von Aufständischen gesäubert hatte. Und die trug einen Eber im Feldzeichen. »Im von Rom besetzten Palästina träumt unsere Erzählung davon, dass die römischen Schweine im Meer ersaufen« (Ebner 2008: 59). Die anti-imperialistische Satire war ein Ventil, um nicht vom – wenn auch berechtigten – Hass besessen zu werden. Der Hass ist in Wahrheit der Schatten, um den es hier geht. Die ersten Christen um Markus wussten offenbar, dass man dem Dämon im Schatten mit einem Schuss Humor die Zähne ziehen kann. Das nimmt ihm die Macht. Genau genommen geht es gar nicht darum, den Schatten loszuwerden. Es ist sogar unmöglich. Immer liegt ein Teil der Persönlichkeit in der Dunkelheit, sagt C. G. Jung. Wer glaubt, ganz frei zu sein von seinem Schatten, wirft einen umso größeren. Und dann kann es passieren, dass die alten Dämonen mit noch mehr Macht zurückkehren (vgl. Mt 12,43–45).

Jesus war als geistlicher Lehrer und Heiler ein Experte für Schattenarbeit. Seine religiösen und philosophischen Gegenspieler, die Pharisäer, stellen heute schlichtweg den Inbegriff des Schattens dar. Ihnen warf er vor, Heuchler zu sein: »Ihr seid wie die Gräber, die außen weiß angestrichen sind und schön aussehen; innen aber sind sie voll Knochen, Schmutz und Verwesung« (Mt 23,27). Jesus hatte wenig übrig für die, »die von ihrer eigenen Gerechtigkeit überzeugt waren und die anderen verachteten«. Er bringt das Beispiel eines Pharisäers und eines Zöllners, die beide zum Gebet gehen (vgl. Lk 18,9–14). Pharisäer waren Schriftgelehrte und gaben in religiösen Fragen den Ton an. Die Zöllner waren in der Bevölkerung verhasst, weil sie die Steuern eintrieben und unter dem Generalverdacht der Korruption standen. Der Pharisäer spricht: »Gott, ich danke dir, dass ich nicht wie die anderen Menschen bin, die Räuber, Betrüger, Ehebrecher und auch wie dieser Zöllner dort.« Der Zöllner sagt nur: »Gott, sei mir Sünder gnädig.« Jesus kommentiert die Geschichte mit den Worten: »Wer sich selbst erhöht, wird erniedrigt, wer sich aber selbst erniedrigt, wird erhöht werden.«

Eine solche Schatten-Geschichte ist auch die des »reichen Jünglings«, der zu Jesus kommt mit der Frage, wie er das ewige Leben gewinnen könne. Jesus fordert ihn auf, die Gebote zu halten, sprich: sich treu und gesetzeskonform zu verhalten. Darauf erwidert der Mann, das habe er ja schon getan. Sodann rät ihm Jesus, seinen ganzen Besitz aufzugeben. Das aber vermag er nicht und zieht »traurig« davon (vgl. Mt 19,16–30; Mk 10,17–31; Lk 18,18–30). In der Version des Lukasevangeliums ist der Mann aber gar kein »Jüngling«, sondern ein »Vorsteher«, also ein Vertreter der oberen Klasse, möglicherweise sogar selbst ein Pharisäer. Er sorgt sich auch nicht wirklich um sein Seelenheil, sondern provoziert Jesus mit der wortwörtlich selben Frage, mit der schon einmal ein Pharisäer Jesus »auf die Probe stellen« wollte (vgl. Lk 10,25–37). Es liegt also eine narzisstische Überheblichkeit in der Äußerung des Vorstehers, er habe ja alle Gebote seit seiner Jugend gehalten. Da zeigt sich jemand von der besten Seite. Aber wer kann schon behaupten, immer alles richtig gemacht zu haben? Hier liegt die Tür zum Schatten, und Jesus legt gezielt den Finger in die Wunde: »Eines fehlt dir noch: Verkaufe alles, was du hast, verteil das Geld an die Armen, und du wirst einen bleibenden Schatz im Himmel haben.« Die Antwort macht den Mann sprachlos. Er sagt nichts mehr. Die meisten Übersetzungen liegen allerdings falsch, wenn sie formulieren, der Mann sei nun »traurig« geworden, weil es ihm (noch) nicht gelang, sich von seinem Besitz zu lösen. Nein, bei Lukas wird der Mann nicht traurig, er wird sauer.

Das griechische Wort *perilypos* ist dasselbe, mit dem die griechische Bibel die Reaktion Kains auf den Erfolg seines Bruders beschreibt (Gen 4,16). Und wir wissen, dass Kain keineswegs »traurig« ist. Er ergrimmt. Neid, Eifersucht und Hass steigen heiß in ihm auf. Hier taucht – wie wir schon sahen – zum ersten Mal der Begriff Sünde auf, denn eine geheimnisvolle innere Stimme warnt ihn: »Sünde lauert vor deiner Tür.« Der Schatten hat Kain in der Hand, und was dann passiert, wissen wir. Ebenso ist Psalm 42 nicht das Gebet eines Trauernden, sondern eines Gedemütigten: »Wie ein Stechen in meinen Gliedern ist für mich der Hohn der Bedränger; denn sie rufen ständig zu mir: ›Wo ist nun dein Gott?‹ Meine Seele, warum bist du betrübt (*perilypos*) und bist so unruhig in mir? Harre auf Gott ...« Der Psalm ist ein beeindruckendes Beispiel, wie der Beter die Demütigung innerlich verarbeitet und seinen Hass und seine Scham aus dem Schatten vor Gott bringt, damit sie sich wandeln können in Unabhängigkeit, innere Sicherheit und Hoffnung. Gebet statt Rachegewalt. Genau das gelingt Kain nicht. Und auch der Vorsteher, mit dem Jesus im Gespräch ist, zieht nicht bloß traurig, sondern zutiefst verbittert von dannen. Er ist gerade auf heftige Weise mit seinem Schatten konfrontiert worden. Jesus hat ihm den Spiegel vorgehalten.

Dem Drachen gegenübertreten

Der Archetyp des Westens im Lebensrad ist der Krieger oder die Kriegerin. Es braucht Mut, um in die Keller und Höhlen der Seele zu steigen und es mit dem Schatten aufzunehmen. In vielen Mythen und Märchen muss der Held sich einem Drachen stellen. Es sind zwar Gold und reiche Belohnung verheißen, ja »ewiges Leben« wartet auf den Helden, aber der Weg ist kein Zuckerschlecken. Legenden und Sagen erzählen immer wieder genau diese Geschichte des Abstiegs ins Schattenreich. Eine der ältesten stammt aus dem 3. Jahrtausend vor Christus. Es ist der Mythos von der Reise der Innana. Sie, die Königin der Oberwelt, beschließt, die dunkle Unterwelt zu besuchen. Sieben Tore muss sie passieren und jedes Mal ein Kleidungsstück und damit ein Symbol ihrer Macht ablegen. Schließlich trifft sie völlig nackt in der Unterwelt ein, stirbt und wird später wieder neu geboren.

Christen dürfte das sehr bekannt vorkommen. Im Apostolischen Glaubensbekenntnis der Kirche heißt es, Jesus sei »hinabgestiegen in das Reich des Todes«. Die Bereitschaft, für die heilige Sache alles aufzugeben und gar zu sterben, gehört zum Archetypus des Kriegers. Und es gehört zu jedem initiatorischen Prozess, dass wir etwas einbüßen müssen, bevor wir weitergehen können. Die Kleidungsstücke der Inanna sind Sinnbilder für das Ego, das falsche oder äußere Selbst, unsere alte Haut, die weichen muss, damit wir in unserem wahren Selbst, der Seele, Gott begegnen und neu geboren werden können. Darauf zielt Jesus, wenn er den Suchenden auffordert, alles zu verkaufen, was er hat.

In Märchen und Mythen vieler Kulturen erscheint der Krieger als Drachentöter. Jeder Mensch hat einen »inneren Drachen«. Die Herausforderung besteht als Erstes darin, diesen Drachen zu identifizieren. Er sitzt im Dunkeln und agiert aus dem Verborgenen heraus. Es gibt allerdings Spuren, die zu ihm führen. Immer, wenn wir uns zum Beispiel klein, unwürdig und erniedrigt fühlen, dann können wir davon ausgehen, dass es sich um einen Angriff unseres »inneren Drachen« handelt. Im Schatten begegnen uns die alten Glaubenssätze, die uns geprägt haben: »Ich werde es nicht schaffen« oder »ich muss es schaffen«, »ich kann das nicht« oder »ich darf das nicht«, »ich bin es nicht wert« usw. Wenn jemand uns beleidigt und verletzt, sind es höchstwahrscheinlich die alten Wunden, die da schmerzen. Es ist unser Ego, das da (immer noch) beleidigt oder erniedrigt ist. Unsere Seele aber hat immer ein Interesse an unserer Würde. Unser wahres Selbst kann im Grunde niemals beleidigt und verletzt werden, von nichts und niemandem. Kriegerinnen und Krieger müssen lernen zu unterscheiden zwischen dem Schmerz, der Angst oder

der Trauer einerseits und dem Umgang mit diesen Gefühlen andererseits. Der Schmerz selbst ist unvermeidlich, das Leiden aber ist eine Option, die wir nicht zwangsläufig annehmen müssen. In den allermeisten Fällen könnten wir ohne Weiteres selbst entscheiden, ob wir be-leid-igt sind, uns ärgern oder was auch immer. Wenn wir uns dessen bewusst sind und vertrauen, können wir den Mut finden, dem Drachen gegenüberzutreten. Wenn Jesus sagt: »Dein Glaube hat dich geheilt«, dann bezieht sich das genau auf diese Bewegung.

Oft genügt das schon, und wir erkennen, dass die Bedrohung uns viel größer erschien, als sie tatsächlich ist. Etwa so wie der Scheinriese Herr Tur Tur in Michael Endes Erzählung von Jim Knopf, einer modernen Heldenreise. Am »Ende der Welt«, einer weit entfernten Wüste, begegnen Jim Knopf und Lukas der Lokomotivführer einem furchterregenden Riesen, der ihnen winkt. Trotz seiner großen Angst wagt es Jim, dem Wesen zusammen mit Lukas entgegenzutreten, und siehe da: Je näher sie ihm kommen, desto kleiner wird der Riese und stellt sich schließlich als der freundliche Herr Tur Tur vor. Weglaufen ist keine Lösung. Im Gegenteil, wären Jim und Lukas geflohen, wäre der Scheinriese nur noch größer geworden. Auch bei unseren inneren Drachen handelt es sich um einen solchen »Turturismus«. »Glauben« ist dabei kein blindes Vertrauen. Es geht darum, den Dämon anzuschauen, und das geht nur, wenn man nicht in Panik gerät. Der Lokomotivführer Lukas stellt fest, dass der Scheinriese einen riesigen Strohhut trägt. Er kann sich nicht vorstellen, wo es so große Strohhalme geben sollte. Diese Logik überzeugt auch den jüngeren, unerfahrenen Jim, und er wagt es, sich dem Riesen zu nähern.

Der kluge Held weiß: Schlägt er der Hydra einen Kopf ab, wachsen früher oder später zwei neue nach. Selbst der erfolgreiche Drachentöter Siegfried aus der Nibelungensage blieb nach seinem triumphalen Bad im Drachenblut an einer – wenn auch winzigen – Stelle verwundbar. Der kluge Held tötet den Drachen nicht, er zähmt ihn. Das ist der Weg zur wahren Heiligkeit im Sinne von »heil sein«: »Heilig, ganz, vollständig, ist, wer die Gegensätze überwindet, sie zusammenführt, statt sie gegeneinander aufzubringen oder zu versuchen, bestimmte Qualitäten und Eigenschaften zu bekämpfen« (Müller 2015: 27). Wer das beherzigt, kann das Gold schöpfen, das der Drache hütet. Auf diese Weise verwandelt sich in Michael Endes Geschichte von Jim Knopf der böse Drache Frau Mahlzahn in einen weisen und sogar überaus hilfreichen Drachen mit goldenen Schuppen.

Dazu ist es notwendig, den Drachen im Schatten auch zu würdigen und den positiven Anteil, seine Kraft, anzuerkennen. Was uns heute daran hindert, zu wachsen und unser Potenzial zu entfalten, ist nicht ohne Grund da: Es hat uns einst geholfen und vielleicht das Leben gerettet. Es gibt eine wahre Geschichte, die deutlich macht, wie das gemeint ist. Im Zweiten Weltkrieg mussten zahlreiche japanische Kampfflieger im Pazifik notlanden. Einige Soldaten überlebten auf einsamen Inseln, völlig isoliert von der restlichen Welt. Den letzten fand man 35 Jahre nach Kriegsende. Er war immer noch kampfbereit und in der Lage, jeden Eindringling zu töten. Die Verteidigung seines Landes war sein einziger Lebensinhalt. Ihm nun zu erklären, dass der Krieg vorbei war, stellte seine ganze Existenz infrage und rief seinen Widerstand hervor. Ebenso geht es mit unserem Drachen im Schatten. Es gibt einen Grund, warum er dort unten im Dunkeln ist, genauso wie es einen Grund gab, warum die Soldaten auf der Pazifikinsel strandeten. Die japanische Regierung ging beispielhaft mit den Veteranen um. Man überließ sie nicht einfach sich selbst als Problemfall am Rand der Gesellschaft, sondern ehrte sie öffentlich, verlieh ihnen Orden und würdigte so ihre einstigen mutigen Taten und das Schicksal, das ihnen widerfahren war. Sie bekamen einen Ehrenplatz als Älteste und eine neue Aufgabe als Berater der Regierung.

Ein geistlicher Drachenzähmer ist auch Franz von Assisi. Es ist vielleicht kein Zufall, dass er – vor seiner Berufung zum Einsiedler – davon träumte, Ritter zu werden, bis er erkannte, dass die weltliche Ritterschaft nur ein Abglanz der wahren geistlichen Ritterschaft ist. Zwei Geschichten sind es, die den Umgang des heiligen Franziskus mit dem Schatten illustrieren: die Begegnung mit den Aussätzigen und die Zähmung des Wolfs von Gubbio. Für uns ist wichtig, die innere Seite der beiden Geschichten in den Blick zu nehmen: »Wenn wir es noch nicht fertiggebracht haben, etliche Aussätzige zu küssen und etliche Wölfe zu zähmen, dann wahrscheinlich deshalb, weil wir noch nicht den Aussätzigen und den Wolf in uns selbst wahrgenommen haben. Schau dich heute genau an und entdecke, dass du selbst der arme Aussätzige bist. Pflege und verbinde seine Wunden. Entdecke den Wolf in dir. Zähme ihn, indem du ihm gütig verzeihst.« Damit bringt Richard Rohr den Kern franziskanischer Schattenarbeit auf den Punkt (Rohr 2007: 28).

Die Begegnung mit den Aussätzigen, vor denen Franziskus anfangs große Abscheu empfindet, wird zum Kernpunkt seiner Berufung. Nicht umsonst beginnt mit dieser Geschichte sein geistliches Testament, das er persönlich verfasst: »So hat der Herr mir, dem Bruder Franziskus, gegeben, das Leben der Buße zu beginnen: Denn als ich in Sünden war, kam es mir sehr bitter vor, Aussätzige zu sehen. Und der Herr selbst hat mich unter sie geführt, und ich habe ihnen Barmherzigkeit erwiesen. Und da ich fortging von ihnen, wurde mir das, was mir bitter vorkam, in Süßigkeit der Seele und des Leibes verwandelt« (Test 1–3).

Der reiche Kaufmannssohn verkörpert den Gegensatz zu den Menschen am unteren Ende der Gesellschaft, ausgesperrt vor die Stadtmauern, sich selbst und ihrer Krankheit überlassen, die sie auffrisst. Der Wechsel vom Zentrum, der Piazza, an den Rand der Gesellschaft ist ein Wechsel von der äußeren Identität mit ihren Masken (Besitz, Status etc.) zum Innersten, wo diese Masken nicht mehr zählen. Die Begegnung mit dem Aussätzigen an dem Ort fernab der Öffentlichkeit ist für Franziskus demnach auch eine Begegnung mit dem eigenen Schatten, den er dadurch annehmen und integrieren kann.

Worin bestand dieser Schatten genau? Die Dreigefährtenlegende berichtet von einer »teuflischen Versuchung«, die ihm einige Zeit nach dem Erlebnis bei den Aussätzigen widerfährt, der er aber standhalten kann, weil er ja schon »zum Guten verwandelt« worden ist (Gef 12,1). Der Teufel habe Franziskus die Erinnerung an ein »hässlich buckliges Weib« ins Gedächtnis gerufen und ihm gedroht, »er werde ihm die Missgestalt jener Frau auferlegen« (Gef 12,5). Offenbar plagte Franz von Assisi eine tiefe Angst vor Ablehnung und Ausgrenzung, was für ihn »Qual und Seelenangst« (Gef 12,7) bedeutete. Die Begegnung mit dem Aussätzigen veränderte ihn, so dass er mit dieser Angst vor Ablehnung umgehen konnte und – mit modernen Worten ausgedrückt – sich selbst annehmen und zu sich stehen konnte.

Er erkannte fortan die Quelle seiner Würde in sich selbst und war nicht mehr auf Anerkennung von außen angewiesen, was ein Zeichen von Entwicklung und Reife ist.

In der märchenhaften Legende von der Zähmung des Wolfes (Fior 21) befreit Franziskus die Stadt Gubbio und alle ihre Bewohner. Im Wald hauste ein »ungeheuer großer, schrecklicher und wilder Wolf, der nicht nur Tiere verschlang, sondern auch Menschen«. Niemand wagte mehr, die Stadt zu verlassen. Das archetypische Motiv eines Schattens, der so groß und mächtig wird, dass er am Leben hindert. Franziskus geht hinaus, um den Wolf zu suchen, und als dieser ihn angreifen will »mit offenem Rachen«, da spricht er ihn direkt an: »Komm her da, Bruder Wolf!« Franziskus weist den Wolf zurecht, aber erkennt auch seine Bedürfnisse an. Hinter jedem Schatten steckt ein Bedürfnis, eine tiefe Sehnsucht, die aus irgendeinem Grund verschüttet ist und gewürdigt werden will. Die Bewohner versprechen, den Wolf zu füttern, so dass er nicht mehr Hunger leiden muss. Er verspricht, niemanden mehr anzugreifen. So versöhnt Franziskus den Wolf und die Bürger. Das Ende der Geschichte verdeutlicht schließlich, welches Potenzial ein versöhnter und integrierter Schatten mit sich bringt: Der Wolf lief fortan zahm zwischen den Häusern herum und die Leute gewannen ihn sehr lieb, heißt es. Hätten sie ihn früher lieber tot gesehen, so war die Trauer groß, als er nach zwei Jahren starb.

Franziskus ist der, »der mit dem Wolf tanzt«. Er lehrt uns, dass ein wahrer Krieger nicht mit roher Gewalt vorgeht. Was den Krieger auszeichnet, sind sein Mut, seine Zielstrebigkeit und die Bereitschaft, für die Sache alles einzusetzen, was er hat. Es ist wie in der Geschichte vom Samurai und dem Mönch. Der stolze

Samurai-Krieger fragte den Mönch, ob er denn nicht wisse, dass er ihn mit seinem Schwert, ohne mit der Wimper zu zucken, durchbohren könne, wenn er das wollte. Da fragte der Mönch, ob denn der Samurai nicht wisse, dass er das, ohne mit der Wimper zu zucken, zulassen könne. Der Mönch ist der wahre Krieger in dieser kleinen Episode. Mit dem Mut, dem Schatten nicht auszuweichen, kann Raum geschaffen werden für Frieden und Versöhnung. Der Krieger kennt seine Stärken genauso wie seine Schwächen. Er ist demütig und im wahrsten Sinne des Wortes selbstbewusst. Er weiß, dass Licht und Schatten zusammengehören und dass in jedem Schatten das Gold darauf wartet, geschürft zu werden. Die wahre Herausforderung ist, den verbitterten Kampf zu beenden, damit wir frei werden für den großen Tanz des Lebens.

in praxi: Westen – hinabsteigen

Auf der Reise durch das Lebensrad versinnbildlicht der Westen den Kokon, in den wir uns zurückziehen, um uns wahrhaftig selbst zu begegnen. Das klingt hochtrabend, ist aber etwas absolut Alltägliches: Nur wenn wir unsere Möglichkeiten realistisch einschätzen können, sind wir überhaupt in der Lage, Entscheidungen zu treffen. Wenn wir an eine Unfallstelle kommen, dann werden wir für uns klären müssen, was jetzt möglich ist. Dazu gehört die Auseinandersetzung mit dem Schatten: mit Überforderung, mit Angst vor Versagen, vielleicht mit der Angst, den Tod zu berühren – es könnte ja sein, dass dort jetzt ein Mensch stirbt. Möglicherweise ergibt dieser Klärungsprozess, dass wir nur den

Rettungsdienst rufen können. Dann ist das immer noch besser, als in Panik oder Depression zu verfallen.

Der Westen bringt uns dazu, unsere Vorstellungen von uns und von anderen zu begraben und uns der Realität zu stellen. Das gilt für die alltäglichen Situationen wie für die großen Übergänge im Leben, die uns – wie die Königin Innana – herausfordern, alte Schutzhäute und gewohnte Muster abzustreifen. Der Westen erinnert uns daran, dass das Ego sterben muss, um neu geboren werden zu können. Die Seele weiß, wann die Zeit kommt, mit den alten Spielchen aufzuhören, weil sie schon lange nicht mehr funktionieren. Das bedeutet, »die Spreu vom Weizen zu trennen, die Schlacken, die den Blick auf das Gold verdecken, zu beseitigen. Es ist wie bei einer Goldwäsche« (Müller 2015: 19). Hier hören wir die Aufforderung Jesu, den ganzen Besitz aufzugeben, jene Dinge, über die wir uns bisher gern definiert und nach außen dargestellt haben, und die eigene Armut in den Blick zu nehmen. Wonach hungern wir wirklich? Welche Sehnsucht liegt in unserem Schatten, an der Wurzel unserer Wut oder Angst? Was macht unseren Kern aus? Wer bin ich jetzt?

Um uns mit diesem Westen-Platz in uns zu verbinden, ist es hilfreich, den Wunden, dem Schmerz und der Leere zu folgen. Der abgeschnittene Baum oder abgebrochene Äste können zum Spiegel werden für erfahrene Verletzungen. Für Fähigkeiten und Bedürfnisse, die vielleicht gewaltsam abgeschnitten wurden. Selbst ein Haufen Mist von irgendeinem Tier kann uns mit dem Ballast aus Beziehungen und Erfahrungen in Kontakt bringen, den wir mit uns herumschleppen. Wir können mit dem, was wir gefunden haben, zusammensitzen, genau hinschauen und hinhören. Wir können entdecken, dass nichts in der Natur tot und nutzlos ist, ja, dass es nichts Fruchtbareres gibt als einen Haufen Mist, wie schon der Mystiker Johannes Tauler im 14. Jahrhundert lehrte: »Das Pferd macht den Mist im Stall, und obgleich der Mist einen Unflat und Gestank an sich hat, so zieht dasselbe Pferd doch den Mist mit großer Mühe auf das Feld, und daraus wächst sodann schöner Weizen und der edle süße Wein, der niemals wüchse, wäre der Mist nicht da. Also trage deinen Mist – das sind deine Gebrechen, die du nicht abtun, ablegen noch überwinden kannst – mit Mühe und Fleiß auf den Acker des liebreichen Willens Gottes in rechter Gelassenheit deiner selbst. Es wächst ohne allen Zweifel in einer demütigen Gelassenheit köstliche, wohlschmeckende Frucht daraus« (Huijs 2009: 55).

Übungen für den Westen

Geh hinaus über die Schwelle und suche nach etwas, das verwundet, tot oder scheinbar nutzlos ist. Woran erinnert dich das, was du findest? Vielleicht kommt dir eine Person in den Sinn, mit der du Schwierigkeiten hast. Was will dir das Symbol mitteilen? Welche Lebenserfahrung spiegelt sich in ihm?

Geh hinaus über die Schwelle und lass dich von einem Ort finden, der dein Gefängnis darstellt: Welche Sätze der Abwertung trägst du mit dir herum: »Du bist …«, »Du kannst nicht …«, »Du darfst nicht …«? Was hält dich in deinem Gefängnis gefangen, was sind die »Gitterstäbe«? Finde den Drachen.

Geh hinaus über die Schwelle und suche einen Ort auf, den du normalerweise meiden würdest. Was findest du vor an diesem Ort?

Was will er dir mitteilen über dich? Wem begegnest du? Lass dich von den Begegnungen treiben. Was verändert sich?

(Variante: Gehe zu einer Zeit, die du normalerweise meidest, zum Beispiel in der Dunkelheit. Achte dabei aber auf deine Sicherheit, wenn du in die Natur gehst.)

Dem Leben dienen

Der Winter ist eine Herausforderung für uns Menschen in den gemäßigten und kalten Klimazonen. Auch heute noch. Selten wünscht sich jemand das Ende des Sommers. Aber im Winter heißt es oft: »Jetzt wird es Zeit, dass der Frühling kommt.« Wir tun alles, um die Begegnung mit dem Winter zu vermeiden. Wir schalten das Licht an, heizen unsere Häuser und essen Früchte aus dem sonnigen Süden. Das Leben geht in unserer westlichen Kultur in der dunklen Jahreszeit weiter wie in einem ewigen künstlichen Sommer. Der Winter hat seine Bedrohlichkeit längst verloren. Selten schlägt er mit seiner ganzen Härte zu. Dann beginnt vielleicht einmal ein Tag mit einem Schneechaos. Oder, noch schlimmer, der Strom fällt aus, weil der Frost die Hochspannungsleitungen reißen und die Masten einknicken lässt. Selten also spüren wir etwas von dem, was unsere Vorfahren Jahrtausend für Jahrtausend herausforderte. Wir existieren heute, weil sie damals Wege fanden, den Winter schlicht zu »überleben«. Das war ein hartes Stück Arbeit, und alle mussten mithelfen.

Der Winter wird im Lebensrad repräsentiert durch den Norden und ist verbunden mit den Qualitäten des reifen Erwachsenen: Vernunft, Planung, Vorsorge, Selbstkontrolle, Disziplin, Routine. Es geht um den Teil unserer Persönlichkeit, der nicht nur uns selbst am Leben erhält, sondern uns auch befähigt, für andere zu sorgen. Kinder, Alte und Kranke könnten nicht leben ohne Erwachsene, die in der Lage sind, für den Lebensunterhalt aller mitzusorgen. Hier geht es um die Qualität, das Notwendige und Mögliche zu tun. Und wenn wir eben nur an besagter

Unfallstelle den Rettungsdienst rufen. An dem Beispiel, das uns ja schon durch den Süden und den Westen begleitet hat, wird deutlich, dass im Lebensrad alle Qualitäten miteinander verbunden sind. Wenn es an einer Stelle hakt, kann es passieren, dass wir im Rad stecken bleiben. Das wäre der Fall, wenn wir zum Beispiel in unserem inneren Süden einfach weiterfahren, weil wir uns der Realität des Unfalls nicht stellen wollen. Wir könnten auch in unserem inneren Westen in Panik oder Depression verfallen, wenn wir es nicht fertigbringen, uns zu sammeln und herauszufinden, welche Möglichkeiten jetzt da sind. Erst wenn das gelingt, sind wir in unserem inneren Norden angekommen und können handeln.

Der Archetyp des Nordens ist der König oder die Königin. Sie sind nicht abhängig von Anerkennung und sie müssen auch mit niemandem in Konkurrenz treten, weil es nichts zu beweisen gibt. Sie haben ein Bewusstsein über ihre Fähigkeiten und ihre Grenzen. Sie verkörpern eine natürliche Klarheit, die auch zum Winter gehört: Eine verschneite Winterlandschaft liegt hell und ungetrübt da. Spuren im Schnee machen die Bewegungen des Lebens sichtbar. Durch kahle Äste wird die Landschaft in besonderer Weise »durchsichtig«. Wir alle spüren intuitiv, ob jemand solch eine natürliche und klare Autorität hat. Von solchen Menschen geht das aus, was wir in der religiösen Tradition »Segen« nennen. Könige und Königinnen haben die Fähigkeit, andere zu sehen und wertzuschätzen, weil sie sich selber gesehen und wertgeschätzt wissen.

Gebt ihr ihnen zu essen! (Mk 6,37)

Jesus tritt mit einer solchen Autorität auf. Die Bibel nennt das »Vollmacht«. Das ist ein königliches Attribut, denn ein König hat Macht. Jesus redet mit Vollmacht, heilt mit Vollmacht, vergibt Sünden mit Vollmacht. Bei genauer Betrachtung geschieht aber gar nichts Besonderes. Jesus schwingt keine großen Reden, seine Botschaft ist einfach und verständlich. Er vollführt keine komplizierten Heilungszeremonien, sondern berührt die Menschen schlicht und bringt sie in Verbindung mit ihren eigenen Ressourcen, wenn er sagt: »Dein Glaube hat dich geheilt.«

Wir erleben Jesus nie angestrengt. Jesus erscheint fast wie ein Meister fernöstlicher Mystik, der die Kunst des Wu-Wei beherrscht. Wu-Wei heißt übersetzt etwa »handelndes Nichthandeln«. Das klingt paradox. Es beschreibt eine Herangehensweise, die frei von egozentrischen Triebkräften dem natürlichen Fluss der Dinge folgt. Auch Jesus ist sich bewusst, dass der Mensch aus eigener Anstrengung nicht viel erreicht. Es gibt eine größere Kraft, auf die er vertraut: »Mir ist von meinem Vater alles übergeben worden« (Mt 11,27; Lk 10,22) und »Ich und der Vater sind eins« (Joh 10,30). »Wo ich nichts für mich will, da will Gott für mich«, formuliert es Meister Eckhart.

Die Quelle der Macht Jesu ist seine Sohnschaft. Als er getauft wird, öffnet sich der Himmel, und eine Stimme spricht: »Du bist mein geliebter Sohn« (Mk 1,11; Lk 3,22; vgl. Mt 3,17). Wir können nur Zugang zur königlichen Macht finden, wenn wir das in unserem Leben einmal gehört haben und es auch glauben konnten. Wer das nicht hört, findet nur Zugang zu falscher Macht, die dann ihre Energie daraus zieht, andere zu unterdrücken und kleinzumachen, um sich selbst groß fühlen zu können. Es ist ein Teufelskreis, denn falsche Macht bringt wieder falsche Macht hervor. Das gilt für Frauen und ihre Tochterschaft genauso, allerdings ist es heute eher ein Männerproblem, dass sie selten in Kontakt kommen mit dieser guten Vater- oder Großvater-Macht.

Mit dieser Vollmacht gelingt es Jesus, ein »Rabbi« zu sein, ein wahrer Lehrer und Meister. Er ist im wahrsten Sinne des Wortes autonom, weil er sich mit einer überzeitlichen und ewigen Kraft verbunden weiß, die sein Handeln leitet. Das Gesetz benutzt er nicht, um die anderen in Schach zu halten. Er möchte, dass das Gesetz »erfüllt« wird (Mt 5,17). Er kann sich so auch auf die Seite derer stellen, die abweichen oder Fehler machen. Er muss sich nicht zwanghaft von ihnen unterscheiden, um seine Macht zu unterstreichen. Im Gegenteil. Er kann sich zum Anwalt ihrer Anliegen machen, um sie zurück in die Gemeinschaft zu bringen und wieder zu integrieren. Nur so ist Erneuerung möglich. Könige dieser Art sind sich des Bodens, auf dem sie stehen, so sicher, dass sie alle Spielregeln auf den Prüfstand stellen können. Vermutlich war zum Beispiel Papst Johannes XXIII. ein Leader dieser Art, sonst hätte er nicht den Mut gehabt, ein Konzil auszurufen und den notwendigen Erneuerungsprozess in seiner Kirche anzustoßen.

Die Macht Jesu ruht nicht auf weltlicher Stärke. Die Evangelisten inszenieren Jesus ganz bewusst als Gegenbild zu den falschen Königen und Tyrannen dieser Welt. Einer von ihnen ist Herodes, der Tetrarch, der von Roms Gnaden über das Land herrscht. Unter ihm stöhnt das Volk, weil er es mit außerordentlich hohen Steuern belastet. Herodes braucht viel Geld, denn er lässt prunkvolle Paläste und andere Bauwerke für sich errichten. Nicht das Wohl des Volkes steht im Mittelpunkt, sondern seine Selbstinszenierung. Er duldet keinen Widerspruch und Widerstand. Johannes den Täufer, den Begleiter und Wegbereiter Jesu, lässt er umbringen. Als Jesus nach seiner Gefangennahme zu ihm gebracht wird, verhöhnt er ihn. Er hängt Jesus ein Pupurgewand um und führt ihn so zu Pilatus zurück. Der lässt Jesus hinrichten als »König der Juden«. Aber Herodes hat nur scheinbar gewonnen.

Eine Geschichte, die das Wesen wahren Königtums veranschaulicht, ist die Speisung der Fünftausend. Die wundersame Brotvermehrung ist dabei nur ein Nebeneffekt. Jesus hatte die Zwölf mit Vollmacht ausgestattet und hinausgeschickt, um seine Botschaft von Gottes Reich zu verkünden, Dämonen auszutreiben und Kranke zu heilen (Mk 6,7–13). Als sie zurückkehren, zieht sich Jesus mit ihnen an einen einsamen Ort zurück, um ein wenig auszuruhen. Doch eine große Menschenmenge folgt ihnen »wie Schafe, die keinen Hirten haben« (Mk 6,34). Als die Jünger die Menschen nach Hause schicken wollen, sagt Jesus: »Gebt ihr ihnen zu essen!« (Mk 6,37). Die Jünger halten das für unmöglich, denn sie haben nur noch fünf Brote und zwei Fische. Die Frage, ob sie für 200 Denare Essen kaufen sollen, bringt das Problem auf die Spitze. Für das Geld hätte eine dreiköpfige Familie zu der Zeit fast ein halbes Jahr leben können. Jesus bleibt ganz ruhig. Er lässt alle in »Mahlgemeinschaften im grünen Gras lagern ... in Gruppen zu hundert und zu fünfzig« (Mk 6,39–40). Die Jünger verteilen die Brote und die Fische, und es werden nicht nur alle satt, sondern es bleiben noch zwölf Körbe voll übrig.

Die Speisung der Fünftausend ist das Gegenbild zur Herrschaft des Herodes. Der versammelt zu einem Festmahl seine höchsten

Beamten und Generäle (Mk 6,21). Es ist sein Geburtstag und es wird ein rauschendes Fest, bei dem nicht nur der Wein in Strömen fließt, sondern auch das Blut. Es ist eine perverse Mischung aus Gewalt und Erotik: Der erregende Tanz einer Prinzessin am Hofe bringt Herodes dazu, ihr sein halbes Königreich anzubieten, und später lässt er auf ihren Wunsch den Kopf Johannes des Täufers auf einer Fleischplatte servieren. Herodes verkörpert den Tyrannen, der mit dem Wohl seines Volkes spielt, mit roher Gewalt herrscht und Angst und Schrecken verbreitet. Jesus verkörpert das Bild des guten Hirten, der sein Volk »auf grünen Auen« (Ps 23,2) lagern lässt. Dieses Volk hungert und dürstet nach Gerechtigkeit. Es leidet unter der Besatzung und der Tyrannei. Jesu Antwort darauf ist Dienst, Hingabe und Solidarität. Nicht Jesus und die Jünger lassen sich bedienen, sondern sie verteilen die Vorräte im Volk. Sie geben, was sie haben, und gehen so mit gutem Beispiel voran.

Es braucht kein übernatürliches Wunder, um die Brotvermehrung zu erklären. Wenn alle dem Beispiel Jesu und seiner Jünger folgen und das zur Verfügung stellen, was sie als Vorrat mitgenommen haben, so gibt es mehr als genug für alle. Die wundersame Brotvermehrung ist auch ein Wunder der Solidarität. Die eigentliche Wunderkraft liegt in der Situation und im Handeln der Leute selbst. Das Wunder geht nicht direkt von Jesus aus, er gibt vielmehr den Impuls dazu. Das ist nicht Naivität oder blindes Vertrauen. Es ist eine bestimmte Art, auf eine scheinbar ausweglose Situation zu schauen und die Möglichkeiten zu entdecken, die in ihr verborgen sind. Es gehört zur Qualität des Nordens, Gemeinschaft zu stiften.

Vom Lebenskampf zum Lebenstanz

Ein Kennzeichen des Nordens im Lebensrad ist die Leichtigkeit. Das mag überraschen, weil es doch gerade hier um Sorge, Arbeit, Leistung und Disziplin geht. Wir könnten tatsächlich kein einziges Problem lösen und bekämen unser Leben nicht auf die Reihe, wenn wir nicht schon ein gutes Stück in diese Qualitäten des Nordens hineingewachsen und folglich erwachsen geworden wären. Die Leichtigkeit ist allerdings der Anhaltspunkt, wie es um unseren inneren Norden bestellt ist. Wenn es nicht gut läuft, werden wir früher oder später zu Königinnen und Königen, die sich selbst und wahrscheinlich auch andere unter Druck setzen oder gar tyrannisieren. Wenn sich der Norden aufbläht, wird das Leben ein Kampf. Hier sind die Workaholics zu Hause, die sich durch all das durchkämpfen, was getan werden muss. Die Herrschenden, die dafür kämpfen, an der Macht zu bleiben. Die Fundamentalisten, die für ihre Wahrheit kämpfen. Sie dienen in Wahrheit nicht dem Leben, sondern sich selbst. Wenn das Leben zum Kampf wird, wird es auch exklusiv. Meist geraten jene aus dem Blickfeld, die arm sind, schwach, gescheitert. Und das betrifft auch diese Schattenanteile in uns selbst. Das Ego hält dann unsere wahren Bedürfnisse in Schach und lässt uns glauben, der Kampf sei alternativlos.

Leichtigkeit bedeutet nicht, dass alles immer ganz einfach geht, wir uns nie anstrengen müssen und nichts mehr schmerzt. Leichtigkeit ist nicht zu verwechseln mit einer falschen Gelassenheit, die jeden Stress und jede Anspannung meidet. Wenn wir wissen, was uns trägt, brauchen wir Stress und Schmerzen und Schwierigkeiten nicht aus dem Weg zu gehen. So wie ein Künstler nicht ohne Disziplin, Hingabe und Einsatz mit seinem Kunstwerk fertig wird. Zum reifen Erwachsensein gehört, dass Situationen fordernd sein können, aber eben nicht zur Überforderung werden. Wenn wir unsere Möglichkeiten und unsere Grenzen kennen, dann wissen wir, was wir tun können und was wir nicht tun können. Wir handeln dann in jeder Hinsicht »entschieden«: Wir tragen unsere Entscheidungen und können zielstrebig agieren. Wir können für andere sorgen, wenn wir auch für uns selbst sorgen können. Das kann bedeuten, sich im größten Trubel zurückzuziehen und auszuruhen, weil wir in dem Moment wissen, dass wir ausgeruht besser helfen können.

Die Qualität des Nordens ermöglicht Gemeinschaft und Verantwortung. Hier geht es darum, etwas für die Welt zu tun, und nicht nur für sich und das eigene Ego. Als Erwachsene gestalten wir den Rahmen, in dem das gemeinsame Leben spielt. Im Norden des Lebensrades sind sozusagen die Institutionen zu Hause, es ist der Ort der Erziehung, der Politik, der Rechtsprechung und auch der Wissenschaft. Es ist auch der Ort, wo die Rituale gestaltet werden, die Kirche als Form. Zum reifen Norden gehört auch das Bewusstsein, dass Institutionen und Spielregeln dem Leben dienen, aber nicht das Leben *sind*. In den Norden des Lebensrades kommen wir mit unserem »inneren Kind« an der einen Hand und dem »inneren Drachen« an der anderen Hand. Wir sind uns unserer Bedürfnisse und Sehnsüchte bewusst. Wir kennen auch unsere Wunden und unseren Schmerz. Wir wissen um unsere Grenzen und Schatten. Wir wissen, was uns guttut.

Wo die Leichtigkeit verlorengeht, da sind meist die Dämonen zurückgekehrt (Lk 11,24–26) und der »innere Drache« hat wieder das Ruder übernommen. Er sorgt dann dafür, dass wir uns klein fühlen, unwürdig, unerfüllt, beleidigt, dass wir hadern, unzufrieden sind oder wütend werden usw. Solche inneren Attacken können uns jederzeit treffen. Dann werden die alten Glaubenssätze wieder wirksam und verursachen ihren Phantomschmerz. Genauso kann auch unser »inneres Kind« die Dinge in die Hand nehmen, und wir essen oder trinken zum Beispiel mehr, als uns gut tut. Entscheidend ist, wie wir damit umgehen. Es geht nicht um Perfektion oder Immunität, sondern um Bewusstsein. Noch einmal: Die Seele, unser wahres Selbst, hat immer ein Interesse an unserer Würde. Wenn sich das Leben in Kreisen bewegt, dann wachsen wir immer tiefer in dieses reife Erwachsensein und damit in unser wahres Selbst hinein. Wenn wir einmal fallen, heißt es »aufstehen, Krönchen richten und weitergehen«. Einigen hilft es, sich das auf eine Postkarte zu schreiben und an den Spiegel zu hängen. Oder – so stand es einmal auf einer anderen Postkarte: »aufstehen, Krönchen liegen lassen, Haare zerzausen und das Leben rocken«. Ganz egal wie. Hauptsache, wir nehmen das Steuer wieder in die Hand. Das ist die Qualität des Nordens. Zum Königtum gehört, auch das eigene Scheitern barmherzig anschauen zu können und auch um Verzeihung zu bitten, wenn wir andere verletzt haben. Wahre Königinnen und Könige wissen, dass ihnen dabei kein Zacken aus der Krone bricht. Das Leben ist für sie kein Kampf mehr. Sie haben gelernt zu tanzen.

> Wenn das Notwendige getan
> und das Überflüssige verworfen,
> wenn das Zuviel verschenkt
> und das Zuwenig verschmerzt ist,

wenn alle Irrtümer aufgebraucht sind,
kann das Fest des Lebens beginnen.
WOLFGANG POEPLAU

in praxi: Norden – Rituale gestalten

Die Qualität des Nordens bringt uns ins Handeln. Ich habe schon erlebt, dass Menschen plötzlich aufgestanden und gegangen sind, um ihr Zimmer aufzuräumen oder einfach einen Kuchen zu backen und Freunde zum Kaffee einzuladen. Als wären sie aus einem Traum erwacht, in dem sie ihre Probleme gewälzt haben, ohne weiterzukommen. »In den Norden zu gehen« kann einfach etwas ganz Praktisches bedeuten: eine To-do-Liste schreiben oder abarbeiten, aufräumen oder – um an das Beispiel von der Unfallstelle anzuknüpfen – Hilfe zu holen, wo wir mit unseren Möglichkeiten an Grenzen stoßen.

Handeln kann auch bedeuten, ein Ritual zu vollziehen. »Der Ritus ist der Kernbezirk menschlicher Wandlung«, sagt der Tiefenpsychologe und Jung-Schüler Erich Neumann. Es gehört zur Qualität des Nordens, solche rituellen Räume zu gestalten, um dem Raum zu geben, das gewandelt werden will. Das Ritual der Beerdigung ist vielleicht das vertrauteste Beispiel dafür. Die Beerdigung gibt den Raum, um von einem Verstorbenen Abschied zu nehmen und ihn zu ehren. Das bedeutet, den Tod wirklich zu begreifen und den unwiederbringlichen Verlust zu akzeptieren. Das Ritual ist ein wichtiger Teil des Trauerprozesses. Der Weg der Trauer ist ein Weg der Reifung, von der Bodenlosigkeit am Anfang zu einer Trauer, die uns in eine neue Phase des Lebens hineinträgt. Rituale können aber auch viele Male wiederholt werden und jedes Mal Raum schaffen für eine neue Bewegung. Jesus hinterließ keine Lehre, sondern ein Ritual, das seine Botschaft vom Reich Gottes begreifbar macht. Das Teilen von Brot und Wein wird im Ritual zum Teilen des Leibes und Blutes Christi. Das sagt mehr als tausend Worte, und nicht umsonst ist die Eucharistie eines der zentralen und gemeinschaftstiftenden Sakramente in der christlichen Tradition.

Rituale sind Ausdruck unserer Autonomie: Wir können Kanäle schaffen für unsere tiefsten Gefühle und mithilfe von Ritualen unsere Wahrnehmung verändern. Rituelle Handlungen wirken in diesem Sinne heilsam. Sie machen mit Hilfe von Symbolen unser Inneres zugänglich. Sie können uns mit dem inneren Kind verbinden und helfen, dem inneren Drachen gegenüberzutreten. Wir können mithilfe von Ritualen das Lebensrad symbolisch durchwandern. Sie verbinden so die äußere mit unserer inneren Wirklichkeit und stellen unser Leben in den Horizont des Großen und Ganzen, in das wir eingebunden sind. »Das Ritual ist die Darstellung des Mythos. Durch die Teilnahme am Ritual nehmen wir am Mythos teil. Da der Mythos eine Projektion der tiefen Weisheit der Seele ist, ... werden wir im Ritual in Einklang gebracht mit dieser Weisheit, die uns innewohnt. Unser Bewusstsein er-innert so die Weisheit des eigenen Lebens«, sagt Joseph Campbell (Campbell 2005). Das gelingt aber nur, wenn wir selbst an die Wirksamkeit des Rituals glauben, das heißt, wenn wir nicht bloß Zuschauer dabei sind, sondern uns ganz hineingeben.

Rituale bieten in schwierigen Lebenslagen die Möglichkeit, Handlungsunfähigkeit und Ohnmacht zu überwinden. Es können kollektive und meist schon alte Rituale wie eine Beerdigung oder ein Gottesdienst sein. Aber Rituale können auch neu und sehr individuell gestaltet sein. Ich möchte dafür ein uraltes und vielleicht zunächst befremdendes Beispiel bringen, das sich in den franziskanischen Quellen findet. Thomas von Celano berichtet, wie Franziskus mit einer sexuellen Versuchung umgeht. Der Teufel hatte ihm »eine überaus schwere Versuchung zur Unzucht« geschickt (2 Cel 116). Franziskus reagiert zunächst auf die für seine Zeit übliche Weise und versucht, der Anfechtung mit der Geißel zu begegnen. Das ändert allerdings nichts – und hier beginnt die Geschichte interessant zu werden für uns: Franziskus »ging hinaus in den Garten und warf sich nackt in den tiefen Schnee. Dann nahm er Schnee, bearbeitete ihn mit vollen Händen und formte daraus sieben Klumpen. Diese legte er vor sich hin und begann zu seinem Leib also zu sprechen: ›Schau her, dieser größere Klumpen da ist dein Weib. Von jenen vieren sind zwei deine Söhne und zwei deine Töchter. Die übrigen zwei sind Knecht und Magd, die du zum Dienst brauchst. Und jetzt beeile dich, alle zu bekleiden, sonst müssen sie vor Kälte sterben. Wenn dir aber die Sorge um so viele lästig fällt, so sei mit Eifer auf den Dienst des einen Herrn bedacht!‹ Sofort zog der Teufel beschämt ab, und der Heilige kehrte, Gott preisend, in seine Zelle zurück« (2 Cel 117).

Franziskus geht mit seiner sexuellen Versuchung ins Ritual. Er hat auf symbolische Weise Sex mit dem Schnee, und es wird deutlich, dass hinter der rein körperlichen Dimension der Begierde auch die Sehnsucht nach Intimität, Nachkommenschaft, ja vielleicht einem ganz »normalen« bürgerlichen Leben steckt. Die Versuchung stellt seinen Lebensentwurf als Einsiedler infrage.

Im rituellen Raum formt er sich eine Schneefamilie und führt sich vor Augen, wie dieses ersehnte »normale« Leben aussehen könnte. Er verteufelt es nicht, er lässt es zu als Alternative und kann seine Entscheidung erneuern. Das Ritual entwirrt das Problem und bringt Franziskus auf diese Weise in die Handlungsfähigkeit zurück: Sein Lebensstil ist kein Schicksal. Er hat sich dafür entschieden, und er kennt und akzeptiert die Vor- und Nachteile seiner Lebensweise. Es versteht sich, dass solch ein Ritual eine sehr intime Angelegenheit ist, und wahrscheinlich berichtet Thomas von Celano deshalb ausführlich, wie es überhaupt an die Öffentlichkeit gelangen konnte. Zufällig hatte nämlich ein Mitbruder den nächtlichen Vorgang beobachtet, Franziskus hatte ihm aber geboten, vor seinem Tod niemandem davon zu erzählen.

Um uns mit dem Norden im Lebensrad zu verbinden, können wir ein persönliches Ritual gestalten. Der Phantasie sind dabei keine Grenzen gesetzt. Es gibt eine sehr einfache Grundstruktur, deren Elemente wir nach Belieben gestalten können: Dazu gehören zuerst der Beginn des Rituals, der Kern des Rituals und der Abschluss des Rituals. In der Vorbereitung sollten wir unsere Absicht möglichst genau klären, denn die Wirkung eines Rituals entscheidet sich daran, dass die Bedeutung klar und die Absicht authentisch ist. Ein Ritual um seiner selbst willen wirkt nicht oder maximal an der Oberfläche. Zu welcher Veränderung soll das Ritual beitragen? Was soll verabschiedet oder begrüßt werden? Was soll gewürdigt werden? Aus der Absicht ergibt sich die Frage nach einem geeigneten Ort und der Zeit. Ferner legen wir Handlungen und Symbole vorher fest und schaffen die Möglichkeiten dafür. Wir sollten klären, ob es zum Beispiel möglich ist, ein Feuer zu entfachen, wenn das ein Bestandteil sein soll.

Vielleicht wollen wir eine Kerze entzünden. Vielleicht braucht es Wasser für ein Bad oder eine »Taufe«. Vielleicht soll etwas vergraben oder »gepflanzt« werden. Natürlich können auch andere Personen beteiligt sein, deren Rolle wir vorher allerdings klären müssen. Ein Ritual verträgt keine Zuschauer, aber wir können einen – vielleicht erfahrenen – Menschen mitnehmen, der uns unterstützt, wenn wir damit rechnen, dass uns Gefühle erschüttern und wir die Situation nicht allein halten können. Wenn wir das Ritual nach der Grundstruktur durchgeführt haben, schließt sich eine Nachbereitung an, damit wir bewusst zurückfinden in den Alltag. Dafür kann eine Zeit der Stille genügen, das Notieren von Eindrücken in ein Notizbuch. Wir können uns reinigen, indem wir duschen oder uns einfach waschen. Wir können unsere Erfahrung in einem dafür geeigneten Kreis anderer Menschen erzählen. Wir können ein festliches Mahl bereiten. Und vieles mehr.

Übungen für den Norden

Gehe hinaus über die Schwelle und gestalte ein Dankritual. Schaffe dafür einen persönlichen Altar. Sammle für alles, was du in deinem Leben ehren und würdigen kannst, Symbole und lege sie auf oder um den Altar. Der Altar symbolisiert dein Leben mit seinen Gaben, so wie es jetzt ist. Welches Bild erkennst du in dem Altar? Wie fühlt es sich an, den eigenen Wert zu spüren?

Gehe hinaus über die Schwelle und gestalte ein Heilungsritual. Denke an eine Person, die dir Schwierigkeiten macht. Gehe mit ihr

in praxi: Norden – Rituale gestalten

hinaus und finde einen geeigneten Ort für das Ritual. Wie kannst du den Platz gestalten? Nun versetze dich in die Person hinein und gehe mit ihr in ein inneres Zwiegespräch. Was braucht sie? Was kannst du ihr geben, damit es der Person gut geht? Feiere nun das Heilungsritual für diese Person. Das kann ein Gebet sein, das du nicht nur mit Worten, sondern auch körperlich zum Ausdruck bringst. Welche Handlungen, welche Symbole unterstützen die Person?

Dem eigenen Mythos auf die Spur kommen

Der Frühling ist wie der Morgen, der an einem bestimmten Punkt die Nacht bricht und schließlich die Sonne strahlend aufgehen lässt. Eines Tages ist der Winter vorbei. Die Tage werden länger, die Sonne steht höher am Himmel und ihre Strahlen erwärmen die Erde. Überall schwellen die Knospen, alles vibriert und zittert und dehnt sich aus. Wie aus dem Nichts sprießt neues Leben hervor.

Der Frühling symbolisiert in sich den Kreislauf des Lebens. Hier finden alle Jahreszeiten ihren Endpunkt und zugleich ihren Anfangspunkt. Ohne Tod keine Geburt, ohne Sterben kein Wachstum. So beschreibt Steven Foster die alles umfassende Qualität des Ostens im Lebensrad als den »Rand eines rätselhaften Quantensprungs«, an den wir kommen: »Mit der Geburt des Frühlings werden alle anderen Jahreszeiten geboren. Die vier entstehen in dem Einen. Der Kreislauf des Selbst vollendet sich in der Rückkehr zu der Quelle, aus der alle Dinge fließen, und im Neubeginn aus ihr. Manche geben dieser Quelle einen Namen – Geist, Schöpfer, Transformator, Matrix, Heiliger Geist, Muse« (Foster / Little 2010: 81).

Es ist deshalb nicht erstaunlich, dass die wichtigsten christlichen Feste in der europäischen Überlieferung auf den Frühling ausgerichtet sind. Das beginnt schon mit der Geburt Jesu an Weihnachten um den Zeitpunkt der Wintersonnenwende. Hier – in der Mitte der Nacht – bricht der erlösende Morgen an. Das Osterfest liegt ca. drei Monate später nach dem ersten Vollmond im Frühling, also frühestens am 22. März und spätestens am 25. April. Am 21. März ist die Frühlings-Tag- und Nachtgleiche. Zu Ostern sind die Tage also in jedem Fall schon länger als die Nacht. Die Auferstehung Jesu fällt nicht zufällig zusammen mit der »Auferstehung« der Natur, die jetzt beginnt. Zwischen Ostern und Weihnachten, vor dem Osterfest, liegt die siebenwöchige Fastenzeit mit den Kartagen, die an Leiden und Tod Jesu erinnern. Es ist eine Zeit der Erneuerung und des In-sich-Gehens.

Weihnachten, Fastenzeit, Kar- und Ostertage bilden im Übergang vom Winter zum Frühling das ganze christliche Geheimnis ab und auf diese Weise die ganze Dynamik des Lebensrades. Wenn man so will, können wir die Feier der Menschwerdung Gottes an Weihnachten in Beziehung setzen mit der Qualität des Südens. Im tiefsten Winter, wenn wir am weitesten vom Sommer entfernt sind, erinnert uns das Weihnachtsfest an unser inneres, lebendiges Kind. Die Fastenzeit und die Passion entsprechen dann der Qualität des Westens, der Psyche und der Erforschung und Klärung des Inneren: Was muss sterben, damit Raum entsteht für Neues, das sich entwickeln will? Die Auferstehung schließlich korrespondiert mit der Qualität des Nordens, die uns befähigt zu handeln, damit das Leben weitergehen kann.

So ist diese christliche Hoch-Zeit eine sich jährlich wiederholende Initiation in den christlichen Mythos von Geburt, Leiden, Tod und Auferstehung Jesu. Traditionell wurden die Erwachsenen in der Osternacht getauft und die Taufe ist das Symbol dieser Einweihung: »Mit Christus wurdet ihr in der Taufe begraben, mit ihm auch auferweckt« (Kol 2,12). Diese Initiation fügte sie ein in die »Gemeinschaft der Heiligen«: »Als ich ein Kind war«, sagt Paulus, »redete ich wie ein Kind, dachte wie ein Kind, urteilte wie ein Kind. Als ich ein Mann wurde, legte ich ab, was

Kind an mir war« (1 Kor 13,11). Nach Ostern beginnt der lange Jahreskreis und jetzt sind wir bereit, als »Erwachsene« durch die Jahreszeiten des Lebens zu gehen, oder anders formuliert: Wir sind bereit, Christus nachzufolgen.

Brannte uns nicht das Herz? (Lk 24,32)

Der Archetyp des Ostens ist der Magier oder die Magierin. Das ist ein schillerndes Wort, und viele verbinden damit etwas Unheimliches. Das liegt wohl daran, dass der Magier mit einer Macht ausgestattet ist, die er – wie alle Archetypen – auch zum Schaden anderer einsetzen kann. Dann nutzt er seine Kräfte, um andere zu manipulieren und zu kontrollieren, nicht aber für die Wahrheit. Vielleicht haben wir deshalb aus den drei Magiern, die aus dem Morgenland kommen, um das Jesuskind zu verehren, in der Tradition drei Könige gemacht, weil wir den Magier zu sehr mit seinen dunklen Charakterzügen identifizieren. Oder weil die Wahrheit, auf die der Magier hinweist, manchmal unangenehm sein kann. So war König Herodes einigermaßen verwirrt, als ihm die drei Magier von der Geburt eines neuen Königs berichteten (vgl. Mt 2,1–12).

Der Magier kann in vielen Formen auftreten. Er kann Prophet sein, Ältester, Weiser, geistlicher Führer, Schamane, Zauberer und Priester. Egal in welcher Form: Der Magier oder die Magierin ist verbunden mit der unsichtbaren Welt und erinnert uns immer daran, dass es mehr gibt, als wir sehen. Wenn wir Licht sehen, erinnert er daran, dass es auch Schatten gibt. Wenn wir den Schatten sehen, erinnert er an das Licht. Er kann prophetisch auftreten und unsere Illusionen zum Platzen bringen mit seiner Weisheit.

Das Bild, das die Evangelien vom Auferstandenen zeichnen, trägt auch die Züge eines Magiers. »Seine Gestalt leuchtete wie ein Blitz und sein Gewand war weiß wie Schnee« (Mt 28,3; vgl. Mk 16,5). Jesus erscheint plötzlich in der Mitte der versammelten Jünger, obwohl die Türen verschlossen sind, sodass sie »meinten, einen Geist zu sehen« (Lk 24,37). Jesus erscheint nicht als normaler Mensch, sondern gewissermaßen entrückt und »in einer anderen Gestalt« (Mk 16,12). Als Auferstandener steht er zwischen Leben und Tod, zwischen der sichtbaren und der unsichtbaren Welt, zwischen dem Gestern und dem Morgen. Dieses alle Dimensionen verbindende »Dazwischen-Sein« ist eine Qualität des Ostens.

Jesus als »Magier« ist nicht mehr nur Jesus, sondern er ist auch der Christus. Der Evangelist Lukas lässt diesen Jesus Christus erstmals auftreten in der Emmausgeschichte. Zwei Jünger verlassen nach der Kreuzigung Jerusalem und wandern in das etwa einen Tagesmarsch entfernte Emmaus (Lk 24,13–35). Sie unterhalten sich über all das, was passiert ist, und sie sind niedergeschlagen, ja sogar schlecht gelaunt. Denn als Jesus unerkannt zu ihnen tritt und fragt, worüber sie da sprechen, da reagieren sie nicht »traurig«, wie es in vielen Übersetzungen heißt, sondern »mürrisch«. Kein Wunder. In den letzten Tagen hat sie das ereilt, was man eine *katabasis* nennen kann, den vollständigen, katastrophalen Zusammenbruch und Absturz all dessen, was bisher wichtig war. Alles, woran sie ihr Herz gehängt und wonach sie ihr Leben ausgerichtet hatten, war plötzlich vorbei. Sie hatten gehofft, dass Jesus »der sei, der Israel erlösen werde«. Nun ist er schon drei

Tage tot und nichts ist passiert. Die Erlösung Israels hatten sie sich offenbar anders vorgestellt. Wo war nun das Reich Gottes, von dem Jesus die ganze Zeit gesprochen hatte? Statt einer machtvollen Übernahme der Herrschaft eine schändliche Hinrichtung am Kreuz.

Jesus bietet ihnen anschließend im Gespräch eine alternative Sicht auf die Dinge: Er stellt das Geschehen in den Zusammenhang der biblischen Geschichte. In Verbindung mit dem Großen und Ganzen zeigt sich plötzlich ein roter Faden: »Musste nicht der Christus all das erleiden, um so in seine Herrlichkeit zu gelangen?« (Lk 24,26). Als Jesus schließlich mit den Jüngern einkehrt, erkennen sie ihn, als er das Brot bricht. Im selben Augenblick ist er auch schon verschwunden. Aber für die Jünger ist plötzlich alles anders: »Brannte uns nicht das Herz in der Brust, als er unterwegs mit uns redete?« (Lk 24,32). Völlig verändert kehren sie zurück, um den anderen zu berichten. Das ist die Qualität des Ostens: Das Glas, das eben noch halb leer war, ist plötzlich halb voll. Was geschehen ist, ändert sich nicht. Aber unser Blick darauf kann sich wandeln und uns wieder in unsere Kraft bringen.

Die Emmausgeschichte ist von Christen immer als eine Anleitung für die Begegnung mit Christus verstanden worden. Sie enthält interessanterweise alle wesentlichen Elemente eines Rituals. Der französische Ethnologe Arnold van Gennep hat 1908 in seinem Grundlagenwerk »Les Rites de Passages« dargelegt, dass alle Kulturen der Welt eine ähnliche Grundstruktur für ihre Rituale entwickelt haben. Sie bestehen immer aus drei Phasen: der Abtrennung vom bisherigen Leben, dem Übertritt über eine Schwelle meist an einen heiligen Ort und schließlich die Wiedereingliederung, bei der es darum geht, die Geschenke aus der

Schwellenwelt in den Alltag zu bringen. Das betrifft alle Rituale des Übergangs von der Geburt über die Initiation und die Heirat bis zur Beerdigung. Das Neugeborene verlässt die Welt der Ungeborenen und wird in die Welt der Lebenden integriert. Jugendliche werden aus der Welt der Kinder herausgenommen und in die Welt der Erwachsenen eingegliedert. Braut und Bräutigam werden von ihren Familien getrennt und bilden eine neue Familie. Verstorbene werden von der Welt der Lebenden verabschiedet und in die Welt der Toten entlassen.

Dieser universalen Dreiphasenstruktur folgt auch die lukanische Erzählung: Alles beginnt mit einer Krise, die überhaupt die Ursache für die Abtrennung ist. Die Jünger lassen die Ereignisse hinter sich und machen sich auf den Weg nach Emmaus. Sie begeben sich in den rituellen Schwellenraum. Hier tritt Jesus zu ihnen, und sie setzen sich mit dem Erlebten auseinander. Das zentrale Symbol der Geschichte ist das Brotbrechen. Die rituelle Handlung ist der Dreh- und Angelpunkt der Veränderung. Die Hoffnungslosigkeit wandelt sich in Hoffnung. Jesus ist im selben Augenblick nicht mehr zu sehen, das heißt, der Moment lässt sich nicht festhalten, aber er bleibt als Erfahrung in Erinnerung. Mit dieser Erfahrung, die das Herz, das Innerste, berührt hat, kehren die Jünger zurück und berichten den anderen. Wir können darin die Wiedereingliederung in die Gesellschaft und die Integration des Erfahrenen in den Alltag erkennen.

Das brennende Herz ist ein Symbol für die Qualität des Ostens. Das ist immer ein Geschenk der Gnade und nichts, was wir »machen« oder »herstellen« können. Es braucht eine Bereitschaft, das Geschenk zu empfangen. Es kann auch eine bittere Medizin sein, die sich erst am Ende als heilsam erweist. Ich denke an die

Geschichte einer Leistungssportlerin, die ihre Karriere beendet hatte. Um diese Phase ihres Lebens abzuschließen, ging sie auf Visionssuche. Sie wollte das Vergangene würdigen und bewusst in die neue Lebensphase eintreten. Vier Tage und vier Nächte ging sie hinaus in die Natur, allein, fastend, ohne schützende Wände um sich. Nach zwei Tagen musste sie ihre Auszeit abbrechen. Das Fasten hatte bei ihr – das kommt vor – zu Übelkeit geführt. Sie war am Boden zerstört, weil sie es »nicht geschafft« hatte. Als sie später ihre »halbe« Geschichte erzählte, erkannte sie, dass sie noch nie in ihrem Leben etwas nicht geschafft hatte. Sie hatte sich nie erlaubt zu scheitern. Das hatte viele Opfer gekostet. Die eigenen, die sie gebracht hatte, aber auch die anderer Menschen, für die sie nicht hatte da sein können. Die Erfahrung wies ihr den Weg in die neue Lebensphase. Es war eine bittere Medizin, die unerwartet zu ihr gekommen war, aber genau so, wie sie sie gebraucht hatte. Für sie war es ein Geschenk der Gnade.

Die äußere Form eines Rituals einzuhalten genügt nicht, damit die Herzen brennen. Wahrscheinlich ist das der Grund, warum die Zahl der Gottesdienst- oder besser Ritualbesucher in Europa immer weiter zurückgeht und immer mehr Menschen der Institution Kirche und ihren Ritualen – mit oder ohne Austritt – den Rücken kehren. Vor allem die Kirchengemeinden sind nur noch selten Orte der Seelsorge, an denen eine tiefe Einweihung in ein gelingendes Leben stattfinden kann und uns »Magier und Magierinnen« begleiten – also Älteste, von deren Erfahrung wir für unseren spirituellen Weg lernen könnten. Stattdessen kreist Kirche vielerorts um sich selbst als Institution. Im Mittelpunkt steht nicht die geistliche Begleitung, sondern die Suchenden werden eingespannt als Aktive: Sie dürfen »mitmachen« und ihre Zeit, ihre Arbeitskraft, ihre Ressourcen einbringen in Projekte und Aktivitäten. Dabei sagt Jesus sehr klar: »Ich bin gekommen, damit sie das Leben haben und es in Fülle haben« (Joh 10,10). Die Kirche in Europa droht mit ihren Strukturen und ihrer Effizienz praktisch zu erfrieren in einem geistlichen Winter. Nirgendwo auf der Welt ist Kirche zwar derart sozial und caritativ wirksam wie bei uns. Und gleichzeitig erleben wir eine außerordentliche geistliche Erstarrung. Die Herzen brennen nicht mehr. Das ist keine neue Entwicklung. Schon 1966 formulierte der Theologe Karl Rahner: »Der Fromme von Morgen wird ein Mystiker sein, einer, der etwas erfahren hat, oder er wird nicht mehr sein.«

Begegnung mit dem kosmischen Christus

Im Osten des Lebensrades finden wir den kosmischen Christus. Er ist das Symbol des göttlichen Urgrunds, dem alles entspringt und in den alles mündet und in den wir mit unserer ganzen Existenz eingebunden sind. Das mag abgehoben klingen, hat aber eine ganz praktische Bedeutung. Um das zu erklären, komme ich noch einmal auf das Beispiel von dem Unfall zurück, das uns durch das Rad begleitet hat. Jeder Prozess endet im Osten des Rades. Selbst wenn wir erkennen, was uns möglich ist (Westen) und den Rettungsdienst rufen (Norden), kann es sein, dass wir zu spät gekommen sind und dort jetzt ein Mensch gestorben ist. Zur Wirklichkeit gehört immer auch jener Aspekt, der sich unserer Kontrolle entzieht. Und selbst wenn wir diesen einen Menschen gerettet haben durch unseren Einsatz, so werden wir nicht immer jeden Menschen retten können. Unsere Macht hat

Begegnung mit dem kosmischen Christus

Grenzen. Das zu akzeptieren hat etwas mit Loslassen zu tun. Menschen, die versuchen, über möglichst alles die Kontrolle zu haben, bleiben quasi im Norden »stecken«. Die Sonne kann nicht mehr aufgehen und das Rad kann sich nicht weiterdrehen in den Süden. Der kosmische Christus verweist uns immer darauf, dass wir Teil eines Ganzen sind, über das niemand allein die Macht und die Kontrolle hat. Er verbindet uns mit dieser alles umfassenden Gemeinschaft, wenn wir es zulassen.

Der Ausdruck »kosmischer Christus« ist den meisten Menschen wahrscheinlich unbekannt. Wahrscheinlich können auch viele Christen nicht sagen, wo denn der Unterschied zwischen dem Jesus und dem Christus liegt. Sie wissen vielleicht, dass »Christus« so viel heißt wie »der Gesalbte«, »der Messias«. Aber was kann das bedeuten? De facto verwenden viele Christen die Bezeichnung »Christus« nur wie den Nachnamen Jesu. Sie sehen nur noch wunderliche, alte Geschichten, aber sie verbinden mit der Geburt, dem Leben und Leiden, der Auferstehung keine Erfahrung mehr. Ohne den kosmischen Christus kommen wir da keinen Schritt weiter. Für Pierre Teilhard de Chardin ist dieser Christus das kosmische Antlitz der Schöpfung. Das ganze Universum ist »christisch«, wie er sagen würde, weil der kosmische Christus alle Prozesse des Lebens und seiner Evolution umfasst und durchdringt: »Er ist das Ebenbild des unsichtbaren Gottes, der Erstgeborene der ganzen Schöpfung. Denn in ihm wurde alles erschaffen im Himmel und auf Erden, das Sichtbare und das Unsichtbare, Throne und Herrschaften, Mächte und Gewalten; alles ist durch ihn und auf ihn hin geschaffen. Er ist vor aller Schöpfung, in ihm hat alles Bestand« (Kol 1,12–20). Gott hat beschlossen, »in Christus alles zu vereinen, alles, was im Himmel und auf Erden ist« (Eph 1,10). Paulus spricht von diesem kosmischen Christus als »Leib«: »Ihr aber seid der Leib Christi, und jeder Einzelne ist ein Glied an ihm« (1 Kor 12,27).

Wenn wir nicht erfahren, wie der historische Jesus und der kosmische Christus zusammenspielen, dann finden wir nur Zugang zu einer halben Wahrheit. Seit dem Jahr 451 lehrt die Kirche, dass Jesus wahrer Mensch und wahrer Gott zugleich ist. Er hat zwei Naturen, wie das Konzil von Chalcedon feststellt. Die meisten Gläubigen scheint das nicht sonderlich zu beeindrucken. Sie konzentrieren sich ganz auf die göttliche Natur Jesu. Wir könnten auch sagen: Sie lassen Jesus ganz den göttlichen Part spielen und konzentrieren sich selbst ganz auf ihre menschliche Rolle. Jesus mutiert dann zu einem Gegenstand der Anbetung. Katholiken glauben an die reale Gegenwart Jesu im eucharistischen Brot und Wein. Praktisch sieht das so aus, dass wir Jesus die meiste Zeit im Tabernakel verschwinden lassen – zur sicheren Aufbewahrung. Wir laufen Gefahr zu vergessen, dass Jesus nicht nur in einem sakralen Tresorraum zugänglich ist. Wir vergessen, dass Nachfolge nicht nur bedeutet, Jesus anzubeten, sondern vielmehr selbst wie Jesus zu sein.

Der kosmische Christus erinnert uns daran, dass wir selbst Anteil am Göttlichen haben. Der Mystiker Angelus Silesius schreibt: »Wär' Christus tausendmal zu Betlehem geboren, doch nicht in dir; du bliebst noch ewiglich verloren.« Das göttliche Kind lag also nicht nur einmal in der Krippe. Es hält in allen menschlichen Herzen die Sehnsucht nach dem Göttlichen wach und verbindet uns mit dem, was wir »Ewigkeit« nennen. Das göttliche Kind in uns schafft Zugang zu der Erfahrung, Teil von etwas Größerem und so im Ganzen geborgen zu sein. Franz von Assisi beschreibt in einem Brief an alle Gläubigen, wie er sich diese Verbindung mit dem Göttlichen vorstellt (1 Gl 1,7–10). Wir sind für Franziskus »Kinder des himmlischen Vaters« und damit »Verlobte, Geschwister und Mütter unseres Herrn Jesus Christus«: »Verlobte sind wir, wenn die gläubige Seele durch den Heiligen Geist unserem Herrn Jesus Christus verbunden wird. Geschwister sind wir ihm, wenn wir den Willen des Vaters tun, der im Himmel ist. Mütter sind wir, wenn wir ihn durch die göttliche Liebe und ein reines und lauteres Gewissen in unserem Herzen und Leibe tragen; wir gebären ihn durch ein heiliges Wirken, das anderen als Vorbild leuchten soll.«

Unsere Verbindung mit Gott ist für Franziskus so etwas wie ein mehrdimensionales Verwandtschaftsverhältnis. Wir sind »verbunden« mit Jesus Christus, weil die Inkarnation, die Menschwerdung Gottes, nicht nur einen historischen Moment in der Vergangenheit, sondern auch unser eigenes Leben umfasst (Perspektive des Südens im Rad). Wir sind Geschwister, wenn wir in uns gehen und fragen, wer wir wirklich sind, was wir wirklich tun sollen und können, denn nichts anderes kann der »Wille des Vaters« sein (Westen). Und wenn wir tun, was heilig bzw. heilsam ist, sind wir auch Mütter (Norden), weil wir auf die Weise Christus gebären (Osten).

Auch für Meister Eckhart sind wir nicht nur passive Empfänger des Göttlichen, sondern sozusagen ein heiliger Nährboden: »Dass der Mensch Gott in sich empfängt, das ist gut, und in dieser Empfänglichkeit ist er Jungfrau. Dass aber Gott fruchtbar in ihm werde, das ist besser; denn Fruchtbarwerden der Gabe, das allein ist Dankbarkeit für die Gabe, und da ist der Geist Weib in der wiedergebärenden Dankbarkeit, wo er Jesum wiedergebiert in Gottes väterliches Herz« (Predigt 2). Ein in diesem Sinne jungfräulicher Mensch, ein Mensch nämlich »ohne Ich-Bindung«, ist »fruchtbar mitgebärend«.

Den kosmischen Christus zu gebären, bringt auch Wehen mit sich. Matthew Fox vermutet, dass die Angst vor diesen Geburtswehen und der damit verbundenen konkreten Verantwortung der Grund ist für die »überwältigende Stille, die den kosmischen Christus umgibt« (Fox 1991b: 205). Menschen, die spirituell abheben, vermeiden die Wehen. Sie glauben dann vielleicht, in bevorzugter Weise erwählt zu sein. In Wahrheit sind sie meist nur in ihre Ideen von dem verliebt, was sie für das Göttliche halten. Vielleicht lassen sie sich sogar als Guru verehren. In jedem Fall aber blenden sie meistens das aus, was sie menschlich und gewöhnlich sein lässt. Sie blenden die Peripherie aus, die Hinterhöfe und Außenbezirke, in denen sich das gewöhnliche Leben abspielt.

Papst Franziskus warnte Priester und Bischöfe kurz nach seiner Wahl davor, »dass wir Selbstgespräche führen und die vielen Menschen vergessen, die von uns ein Wort der Barmherzigkeit, des Trostes, der Hoffnung erwarten. Das Evangelium Jesu verwirklicht sich in der Geschichte. Jesus selbst war ein Mann der Peripherie, in diesem Galiläa, das weitab lag von den Machtzentren des römischen Reichs und von Jerusalem. Er begegnete Armen, Kranken, Besessenen, Sündern, Prostituierten, und scharte um sich einen kleinen Kreis von Jüngern und Frauen. Und doch war sein Wort der Beginn einer Wende in der Geschichte.«

Genauso beginnt Franz von Assisi seinen Weg an der Peripherie draußen vor der Stadt bei den Aussätzigen und in der Natur. In der verfallenen Kapelle von San Damiano vernimmt er der

Legende nach den Ruf Jesu, die kleine Kirche wieder aufzubauen (vgl. Gef 13,7). Franziskus beginnt mit der mühsamen Erneuerung. Erst viel später, in der Rückschau, wird deutlich, dass nicht nur die kleine Kirche gemeint war, sondern die ganze Weltkirche, die er stärker beeinflusst hat als irgendein anderer Heiliger. Und das, ohne eine kirchliche Karriere hinzulegen. Im Gegenteil. Der spirituelle Weg, den Franziskus begonnen hat, ist eine Karriere nach unten, mit der er der ganzen Institution den Spiegel vorhält. Die Begegnung mit dem Christus ist der Dreh- und Angelpunkt: »Von jener Stunde an war sein Herz verwundet und zerschmolzen im Gedächtnis des Leidens des Herrn«, resümiert die Dreigefährtenlegende (Gef 14,1). Es ist jedenfalls viel einfacher, Jesus nur anzubeten, als sich von ihm finden zu lassen »in der Armut eines banalen Lebens«, wie es Madeleine Delbrêl formuliert. Der kosmische Christus begegnet uns mit höherer Wahrscheinlichkeit in der Ohnmacht, nicht in der Macht. Er will in unserem Leben und unserer Geschichte erkannt werden, mit der Unvollkommenheit und Gebrochenheit, die damit verbunden ist.

in praxi: Osten – Geschichten erzählen

Sich als Teil des Ganzen zu erfahren heißt zu erkennen, dass unser Leben seinen individuellen Mythos schreibt. Und dass unsere individuelle Geschichte – wie alle Mythen – zugleich Anteil hat an den Wegen und Geschichten der anderen und der ganzen Schöpfung, die sich zusammen verweben zu dem einen Ganzen, dem »Leib Christi«, in dem wir leben. Der Held und die Heldin kehren mit einem Elixier von der Heldenreise zurück, einer Gabe, mit der sie der Gemeinschaft und dem Ganzen dienen. Ihre Geschichte macht erst Sinn, wenn sie von anderen eingeladen, gehört, verstanden, akzeptiert und gewürdigt wird. Dann kann sie sich spiegeln in den Geschichten der anderen und in den Geschichten der Väter und Mütter, Großväter und Großmütter. Und dann kann die individuelle Gabe, die jeder mitbringt, sichtbar werden.

Wir machen in der westlichen Kultur diese Erfahrung nicht mehr. In alten Kulturen diente die Initiation dazu, Traditionen weiterzugeben und Menschen in eine soziale Gruppe oder einen neuen gesellschaftlichen Status zu überführen. Das ist ein Prozess, der nicht nur das Individuum verändert, sondern auch die Gemeinschaft. Jemand, der heute an einer Visionssuche teilnimmt, kann nicht mehr damit rechnen, feierlich empfangen zu werden. Wir sind »einsame Helden« geworden. Zwar leben wir in einer toleranten Gesellschaft. Aber wir machen auch die Erfahrung, dass Toleranz nicht ausreicht, um uns eine universale Verbundenheit erfahren zu lassen. Dafür braucht es Räume, in denen wir Akzeptanz erfahren. Jemanden zu akzeptieren bedeutet, ihn willkommenzuheißen und hineinzunehmen in den Kreis, so wie er ist mit seiner Geschichte, ohne ihn zu ändern. Es bedeutet, seine Gabe einzuladen und die Erlaubnis zu geben, dass sie strahlen darf.

Kirche ist als »Leib Christi« solch ein Ort, in dem wir universale Verbundenheit erfahren. Deshalb heißt es auch immer wieder, dass ein Christ ohne Kirche nicht Christ sein kann. Ohne Kirche, die Gemeinschaft der Glaubenden, wüsste heute niemand mehr von Christus. Allerdings verkündet eine Kirche, die nicht den kosmischen Christus verkündet, vor allem sich selbst. Das ist wahrscheinlich der Grund, warum so viele Menschen sich in der Kirche gerade nicht angenommen fühlen, sondern maximal geduldet. Sie spüren, dass es nicht um sie und ihre Geschichte und ihr Elixier geht. Es ist verständlich, wenn sie sich von der Kirche abwenden und nach einem anderen Ort suchen, wo ihre Gabe uneingeschränkt akzeptiert wird.

»Wo zwei oder drei in meinem Namen versammelt sind, da bin ich mitten unter ihnen«, sagt Jesus (Mt 18,20). Das ist das biblische Urbild von Kirche. Mehr nicht. Und auch nicht weniger. Nach der Auferstehung erscheint Christus inmitten der versammelten Jünger (vgl. Joh 20,19.26). Niemand »hat« den Christus für sich, auch die Kirche als Institution nicht. Christus ist immer nur im »Dazwischen« erfahrbar. »Im Namen« des Christus versammelt zu sein, bedeutet, dass es offenbar einen geeigneten Rahmen braucht, der das Dazwischensein Christi ermöglicht. Einen zentralen Hinweis gibt der Kontext, in dem wir den Satz »Wo zwei oder drei ...« bei Matthäus finden. Jesus erzählt von einem Hirten mit hundert Schafen, der einem einzigen nachsteigt, das sich verirrt hat (Mt 18,10–14). Und wenn es Konflikte gibt, dann sollen alle einander nicht siebenmal, sondern bis zu siebzigmal siebenmal vergeben (Mt 18,22). Jeder Einzelne ist also so wichtig wie das Ganze. Und – so würden wir es heute sagen – Störungen haben Vorrang: Krisenhaftes soll nicht unter den Tisch gekehrt werden, sondern so lange Thema sein, bis es sich löst. Und wenn das siebzigmal siebenmal Vergebungen und Neuanfänge braucht.

Um das zu verwirklichen, braucht es eine bestimmte Art der Kommunikation. Eine Methode dafür ist das »Council«. Council heißt so viel wie »großer Rat« und wird in der Visionssuche und verwandten Formen für die Vor- und Nachbereitung der persönlichen Auszeit verwendet. Das Council ist eine rituelle Gesprächsform. Sie ist gewalt- und herrschaftsfrei, das heißt, es geht nicht darum, herauszufinden, wer Recht hat zu einem Thema oder welche Mehrheit gegen welche Minderheit steht. Das Council geht davon aus, dass Wahrheit im »Dazwischen« einer Gruppe zu finden ist. Es basiert auf vier einfachen Absichten, auf die sich die Teilnehmer verständigen:

1. Von Herzen sprechen (wahrhaftig sagen, was jetzt ist),
2. von Herzen zuhören (sich auf die Wirklichkeit des anderen einlassen, ohne gleich zu bewerten und zu beurteilen),
3. das Wesentliche sagen (nicht um den heißen Brei reden, sondern auf den Punkt kommen) und
4. aus dem Augenblick sprechen (keine vorbereiteten Statements vortragen).

(Wir könnten eine fünfte Absicht hinzufügen: Was im Kreis geschieht, bleibt im Kreis.)

In der Visionssuche übernehmen die Teilnehmer und Teilnehmerinnen im Council für diesen Moment die Rolle der Gesellschaft, in die sich die Quester mit ihrer Geschichte stellen. Sie hören und würdigen das Erlebte und das Elixier, die besondere Gabe der Einzelnen. Viele Menschen, die eine Visionssuche machen, erleben vielleicht zum ersten Mal, dass es möglich ist, in dieser Qualität miteinander zu sprechen. Sie erleben, dass es möglich ist, Freude zu teilen, und dass zugleich scheinbar Unerträgliches in einem solchen Kreis tragbar werden kann. Und sie erleben, was geschieht, wenn Kommunikation, wie ein Netz gewoben, dazu führt, dass die eine Geschichte die andere bewegt und beeinflusst.

Das Council bietet eine Art rituellen Webrahmen. Das Netz entsteht von selbst. Es ist, als sei eine dritte Kraft am Werk, die das Netz webt. Niemand im Kreis kann das »machen«. Diese Nichtmachbarkeit und Nichtverfügbarkeit ist eine wesentliche Qualität des Ostens im Lebensrad, die wir auch »Gnade« nennen können. Die Absicht aller Beteiligten sollte sein, den Rahmen herzustellen und zu hüten und den Austausch immer wieder in diesen Rahmen zu stellen, damit in der Mitte Platz ist für die Stimme der Gnade.

Diese Haltung ist vergleichbar mit dem, was Martin Buber »das Dialogische« nennt. Das ist keine Sache von Experten, sagt Buber: »Begabte oder Unbegabte gibt es hier nicht, nur Sichhergebende und Sichvorenthaltende« (Buber 1994: 190). Dieses dialogische Prinzip führt Buber in seinem berühmten Satz zusammen »Der Mensch wird am Du zum Ich« (ebd.: 32). Das »Du« bezieht sich dabei zugleich auf Mitmenschen und auf das »ewige Du«, das Gott selbst ist. Dabei geht es eben nicht darum, zu ermitteln, wer als Sieger aus einem Gespräch hervorgeht wie in einer Diskussion. Statt um ein Entweder-oder geht es hier um das »und«, das gegensätzliche Seiten verbinden kann. Immer wenn zwei oder drei oder mehr einander in dieser Haltung begegnen und in einen Dialog treten, der von Augenhöhe und Wahrhaftigkeit bestimmt ist, dann zeigt sich diese dritte Kraft. Für Christen ist das nichts anderes als die Erfahrung des Christus, der immer »dazwischen« ist, für den wir Raum schaffen, aber dessen Gnade wir nicht selbst bewirken können. Das ist das Geheimnis des Ostens im Lebensrad.

Übungen für den Osten

Gehe hinaus über die Schwelle und suche ein Symbol für dein göttliches Kind. Lass dich von ihm an die Hand nehmen und führen. Welche Fragen wirft es auf? Was will es mitteilen? Gehe den Fragen nach. Erlaube dir, deiner Intuition zu folgen. Was findest du?

Gehe hinaus und rufe an der Schwelle eine spirituelle Begleitung zu dir. Das kann ein Tier oder ein Mensch sein. Gehe mit deiner Begleitung über die Schwelle und suche einen geeigneten Platz, an dem du einige Zeit mit deiner Begleitung sitzen kannst. Gestalte dort einen Kreis aus geeigneten Materialien, die du vorfindest, und sitze in diesem Kreis. Bringe ein Lied oder ein Gedicht mit.

HEILIGER GEIST

Ich bin wie der grünende Wacholder,
an mir findest du reiche Frucht.
Hos 14,9

An ihren Früchten werdet ihr sie erkennen.
Mt 7,16

Die Kräuter bieten einander den Duft ihrer Blüten; ein Stein strahlt seinen Glanz auf die anderen, und jedwede Kreatur hat einen Urtrieb nach liebender Umarmung.
Hildegard von Bingen

Der Heilige Geist ist ein verschwenderischer Ausfluss des Vaters und des Sohnes.
Mechthild von Magdeburg

Des Wachens, Fastens, Betens und aller Kasteiung achtet und bedarf Gott nicht.
Meister Eckhart

Der Schöpfer ist der Autor aller wahren Künste.
Johannes Duns Scotus

Wer behauptet, Religion habe nichts mit Politik zu tun, weiß nicht, was Religion bedeutet.
MAHATMA GANDHI

Gott allein hat die Kraft der schöpferischen Aufmerksamkeit, die Kraft, ins Dasein zu denken, was noch nicht da ist.
SIMONE WEIL

Nicht jeder Künstler ist ein besonderer Mensch, aber jeder Mensch ist ein besonderer Künstler.
ERIC GILL

Von der Askese zur Hingabe

Der Geist kommt unerwartet. Plötzlich ist da ein Brausen in der Mitte der versammelten Jünger. So hatte Jesus es angekündigt: »Ihr werdet die Kraft des Heiligen Geistes empfangen, und ihr werdet meine Zeugen sein ... bis an die Grenzen der Erde« (Apg 1,8); mit diesen Worten hatte er sich von den Jüngern verabschiedet. Kurz darauf hatte ihn eine Wolke aufgenommen, und er war nicht mehr zu sehen. Die Himmelfahrt beeindruckt die Jünger so sehr, dass sie die Augen nicht vom Himmel abwenden können, erzählt der Evangelist Lukas. Zwei Engel müssen erscheinen und die Jünger »aufwecken«: »Was steht ihr da und schaut zum Himmel empor?« (Apg 1,11). Die Jünger kehren zurück in den Alltag. Der Geist kann nicht kommen, wenn wir die Augen nur an den Himmel heften. Der Geist kommt, wenn wir ihm Raum schaffen und geduldig sind.

Wir brauchen diesen Geist, um aktiv und kreativ zu sein und etwas für die Welt tun zu können. Dieser Geist ist in der jüdisch-christlichen Tradition die alles belebende und durchdringende Vitalität des wilden Gottes. Er zeigt sich als »eine vulkanische Kraft, als ein Sturm, der die Menschen erfasst und veranlasst, großartige Dinge zu tun«, so beschreibt Leonardo Boff den Heiligen Geist: »Anders als in unserer Kultur ist der Geist in der Bibel nichts Ätherisches oder Undefinierbares, sondern eine lebensschaffende Energie fortwährender Erneuerung. Deshalb steckt in biblisch inspirierter Geistigkeit und Spiritualität eine ungeheure Dynamik« (Boff 1990: 113–115).

Diese Triebkraft des wilden Gottes hat immer schon auch etwas Furchterregendes gehabt. Sie lässt sich nicht kontrollieren, ja, sie durchbricht und durchkreuzt immer wieder die geltende Ordnung. Sie »begeistert« Maria, die »geglaubt hat, dass sich erfüllt, was der Herr ihr sagen ließ« (Lk 1,45). Das Lied, das Maria anstimmt, besingt die befreiende und transformierende Herrlichkeit Gottes: »Er zerstreut, die im Herzen voll Hochmut sind; er stürzt die Mächtigen vom Thron und erhöht die Niedrigen. Die Hungernden beschenkt er mit seinen Gaben und lässt die Reichen leer ausgehen« (Lk 1,51–53). Der Geist ist radikal parteiisch: Er steht auf der Seite der Niedrigen, Hungernden, all derer, die »arm sind vor Gott« (Mt 5,3) und die nichts anderes mehr besitzen, was sie hingeben können, als ihr Herz.

Die Versuchung der christlichen – und eigentlich jeder – Tradition ist es, das Wirken des Geistes mit Macht kontrollieren zu wollen, ihn sozusagen zu domestizieren. An die Stelle des unverfügbaren Wirkens des Heiligen Geistes tritt dann der Versuch, spirituell »erfolgreich« zu sein. Die Folge ist eine falsche Askese. Übungen wie Fasten, sexuelle Enthaltsamkeit, Isolation usw. dienen dann nicht mehr dazu, Raum zu schaffen für die Begegnung mit dem Göttlichen, sondern sollen den »geistlichen« Erfolg messbar machen: »Man sagt zwar, ... es sei ein besonderer Kult, ein Zeichen von Demut, seinen Körper zu kasteien. Doch es bringt keine Ehre ein, sondern befriedigt nur die irdische Eitelkeit« (Kol 2,23). Wenn Askese zum Maßstab wird für den Zugang zur Gemeinschaft oder zu bestimmten Ämtern, dann dient sie schließlich auch noch der Machtausübung derer, die die Selbstverleugnung aufzwingen. Eine solche Askese nährt in jedem Fall den Narzissmus – institutionell wie persönlich. Sie bläht das Ego auf, statt es auf seinen Platz zu verweisen. Davor warnte schon Franz von Assisi seine Anhänger: »Viele gibt es, die in Gebeten und Gottesdiensten eifrig sind und ihrem Leib viele Entsagungen und Abtötungen auferlegen, die aber über ein einziges Wort, das ihrem lieben Ich Unrecht zu tun scheint, oder über eine Kleinigkeit, die man ihnen wegnimmt, sich sofort dermaßen aufregen, als wäre es ein Skandal. Diese sind nicht arm im Geiste« (Erm 14).

Die Vorstellung, etwas leisten zu müssen, damit Gott uns liebt, ist uns in der westlichen Kultur in Fleisch und Blut übergegangen. Die Wahrheit ist: Gott liebt uns schon immer. Die Frage ist, was wir tun, um der Mensch zu sein, der in uns steckt, und was wir für die Welt tun können. Es geht darum, das eigene Potenzial, die eigene Berufung, den Sinn des eigenen Lebens zu entdecken und immer mehr zu entfalten. Das bedarf der Hingabe und der Geduld. Es geht dabei weniger um die Leistung eines Sportlers als vielmehr um die Disziplin eines Künstlers oder einer Künstlerin. »Alles ist austragen und dann gebären«, schreibt Rilke an einen jungen Dichter. »Künstler sein heißt: nicht rechnen und zählen; reifen wie der Baum, der seine Säfte nicht drängt und getrost in den Stürmen des Frühlings steht ohne die Angst, dass dahinter kein Sommer kommen könnte. Er kommt doch. Aber er kommt nur zu den Geduldigen, die da sind, als ob die Ewigkeit vor ihnen läge, so sorglos still und weit. Ich lerne es täglich, lerne es unter Schmerzen, denen ich dankbar bin: Geduld ist alles!«

Du bist ein tüchtiger Diener! (Lk 19,17)

Wie tief das Leistungsdenken unsere Tradition und Kultur prägt, lässt sich sehr einfach an einer Geschichte zeigen, die 2000 Jahre lang meistens und gründlich missverstanden wurde. Sie ist bei uns bekannt als das »Gleichnis vom anvertrauten Geld«. Ich beziehe mich hier auf die Version im Lukasevangelium (Lk 19,11–28). Der Plot ist einfach: Ein »Mann von vornehmer Herkunft« reist in ein fernes Land, um dort die Königswürde zu erlangen. Er übergibt die Regierungsgeschäfte an zehn Diener. Jeder bekommt eine Mine – eine antike Währung. Der Auftrag lautet: »Macht Geschäfte damit, bis ich wiederkomme!«

Die Geschichte wurde und wird in der Regel als Gleichnis ausgelegt: Der »Mann von vornehmer Herkunft« steht für Jesus, der nach der Auferstehung in den Himmel auffährt und die »Geschäfte« auf Erden den Jüngern überlässt. Nun sollen sie die Botschaft verkünden und gleichsam mit dem anvertrauten Gut erfolgreich »wirtschaften«. Sprich: neue Mitglieder für die Kirche gewinnen oder vergleichbare Aktivitäten. Jedenfalls – individuell gedeutet – nicht auf der faulen Haut liegen, sondern die empfangene Gnade tüchtig vermehren durch tugendhafte Taten. Später dann, beim Jüngsten Gericht, wird abgerechnet. So wie in der Geschichte: Der erste Sklave berichtet, er habe mit der einen Mine zehn Minen erwirtschaftet. Der König lobt den Diener und macht ihn entsprechend seiner Bilanz zum Herrn über zehn Städte. Der nächste Diener hat fünf Minen erwirtschaftet und wird Herr über fünf Städte. Ein Diener allerdings tanzt aus der Reihe: »Herr, hier hast du dein Geld zurück. Ich habe es in ein Tuch eingebunden und aufbewahrt; denn ich hatte Angst vor dir, weil du ein strenger Mann bist: Du hebst ab, was du nicht eingezahlt hast, und erntest, was du nicht gesät hast.« Der König widerspricht diesem Urteil noch nicht einmal: Ja, gerade weil er so streng sei, hätte der »schlechte Diener« das Geld doch auf die Bank bringen können, dann hätte es wenigstens Zinsen gebracht. Und er befiehlt, dem Versager die eine Mine abzunehmen und sie dem Ersten zu geben, der die zehn erwirtschaftet hat. Spätestens hier muss man als aufmerksamer Leser stutzig werden. Hatte Jesus nicht wenige Kapitel zuvor noch gesagt: »Gebt Acht, hütet euch vor jeder Art von Habgier. Denn der Sinn des Lebens besteht nicht darin, dass ein Mensch aufgrund seines großen Vermögens im Überfluss lebt« (Lk 12,15)? Und nun soll uns dieses Gleichnis weismachen, dass Jesus beim Jüngsten Gericht genau nach diesen Maßstäben abrechnet? Genau das wurde und wird in der Regel angenommen, wenn der König im Gleichnis sagt: »Wer hat, dem wird gegeben werden, wer aber nicht hat, dem wird auch noch weggenommen, was er hat!« So verstanden, begründet und rechtfertigt das Gleichnis von den Minen eine Leistungsspiritualität. Aber das ist ein Holzweg. Papst Franziskus findet dagegen heute klare Worte: Der Auftrag der Kirche »ist weder ein Geschäft noch ein unternehmerisches Projekt, sie ist keine humanitäre Organisation, keine Veranstaltung, um zu zählen, wie viele dank unserer Propaganda daran teilgenommen haben; es ist etwas viel Tieferes, das sich jeder Messung entzieht« (EG 279).

Tatsächlich ist die Geschichte von den Minen überhaupt kein Gleichnis. Lukas greift hier einen historischen Stoff auf und lässt Jesus über ganz konkrete Politik sprechen. Der antike Historiker Flavius Josephus, ein Zeitgenosse unseres Evangelisten, beschreibt in seiner Geschichte des Judentums einen ganz ähnlichen Vorgang. Der Sohn des Herodes, Archelaus, tritt nach dem Tod seines Vaters die Herrschaft an. Er lässt einen Aufruhr in Jerusalem grausam niederschlagen und dabei 3000 Menschen töten. Als er nach Rom reist, um seine Herrschaft vom Cäsar bestätigen zu lassen, fährt eine Gesandtschaft hinterher, die das verhindern soll. Genau dieses Motiv findet sich auch bei Lukas. Über den Mann vornehmer Herkunft heißt es: »Da ihn aber die Einwohner seines Landes hassten, schickten sie eine Gesandtschaft hinter ihm her und ließen sagen: Wir wollen nicht, dass dieser Mann unser König wird« (Lk 19,14). Lukas zeichnet hier also nicht ein Bild von Jesus, sondern sozusagen von einem Anti-Jesus. Er nimmt Bezug auf die bekannte Story aus der Herodes-Familie und warnt die Hörer mit der Geschichte, weil die meinten, »das Reich Gottes werde sofort erscheinen« (Lk 19,1), wie es bei Lukas heißt.

Der Held der Geschichte ist gar nicht der erste Sklave, der so erfolgreich ist, sondern der dritte Sklave, der den Mut hat, aus dem grausamen System auszusteigen. Er wagt es nicht nur, dem König die Wahrheit ins Gesicht zu sagen, er verweigert auch die Teilnahme, indem er das Geld nicht anrührt. Auch im Matthäusevangelium findet sich eine Variante der Erzählung (Mt 25,14–30). Dort vergräbt der Sklave das Geld. In der Antike galt das als sichere Aufbewahrungsmethode. Der Sklave hier verachtet das Geld geradezu, weil er es nur in ein Tuch wickelt. Die Moral von der Geschichte ist also eine Anti-Moral: »Wer hat, dem wird gegeben.« Das beschreibt die Maßstäbe unserer Welt, die ganz anders funktioniert als das Reich Gottes. Das ist bis heute aktuell: »Diese Wirtschaft tötet« lautet die mittlerweile legendäre und schonungslose Analyse von Papst Franziskus. »Heute spielt sich alles nach den Kriterien der Konkurrenzfähigkeit und nach dem Gesetz des Stärkeren ab, wo der Mächtigere den Schwächeren zunichtemacht« (EG 53). Und genau dafür will Lukas seine Hörer und Leser sensibilisieren: Das Reich Gottes kommt nicht »von oben«, sondern »von unten« – mit ohnmächtiger Macht.

Jesus ist ein Anti-König, der in einer Krippe geboren ist (Lk 2,7), der die Armen seligpreist (Lk 6,20) und der – übrigens unmittelbar nach der Geschichte von den Minen – auf einem Esel in Jerusalem einreitet und von den Menschen als messianischer Friedensfürst empfangen wird (Lk 19,28–40). Jesus wird schließlich gekreuzigt. Wer ihm nachfolgt, muss mindestens mit einem Statusverlust rechnen. So wie der Zöllner Zachäus, der die Hälfte seines Vermögens an die Armen verschenkt und jedem, den er betrogen hat, vierfach erstattet (Lk 19,8). Jesus kommentiert mit seiner Geschichte von den Minen diese Bekehrung des reichen Zöllners. Zöllner nannte man die Steuereintreiber. Jeder Zöllner pachtete Steuerpfründe und bürgte mit seinem privaten Vermögen. Dafür konnte er den Überschuss als Gewinn einstreichen und weitere Steuergebiete übernehmen – wurde also »Herr« über noch mehr Städte und Steuerpachtgebiete. Zachäus ist nach seiner Bekehrung praktisch pleite und nicht mehr in der Lage, seinen Beruf auszuüben, weil das ohne Vermögen nicht möglich ist. Sein Besitzverzicht ist ein radikaler Statusverzicht.

Eine Frömmigkeit, die ständig »zum Himmel empor« schaut, blendet die grausame Realität aus. An die Stelle der ursprünglichen Statussensibilität tritt in der Geschichte des Christentums immer mehr eine künstliche Askese. Sie kreist um vier grundlegende und im Kern statusrelevante Themen: Essen, Sex, Geld und Macht. Die evangelischen Räte zum Beispiel, die Gelübde der

Ordensleute und Kleriker, stehen in dieser Tradition: Ehelosigkeit (Sex), Armut (Besitz) und Gehorsam (Macht). Interessanterweise spielt das Essen dabei eher eine untergeordnete Rolle.

Franz von Assisi ist in allen vier Bereichen an die Ränder und Grenzen gegangen: Er verzichtete vollständig auf Macht, Geld war für ihn »Kot«, er schränkte seine Sexualität radikal ein und fastete so sehr, dass er sich am Ende seines Lebens bei seinem Körper, den er »Bruder Leib« nannte, entschuldigte. Was Franziskus tat, geschah aber nicht aus dem Leistungsbewusstsein eines Askese-Trainings, sondern aus Leidenschaft für den allmächtig-ohnmächtigen Gott, dessen Liebe er erfahren hatte und erwidern wollte. Franziskus war ein »Mystiker der offenen Augen«, denn er hatte Gott ganz unten gefunden: im Armen, Kranken und Ausgebeuteten, in der Schöpfung und in jedem Mitmenschen. Franziskus folgte damit seinem Vorbild Jesus. Der wollte »den Armen die gute Nachricht« (Lk 4,18) bringen, dass ihnen das Reich Gottes gehört (Lk 6,22). Die »asketische Leistung« ist in franziskanischer Sicht kein Selbstzweck, sondern Konsequenz der Solidarität mit den Niedrigsten und Schwächsten.

Auch die franziskanische Armut ist nur von außen betrachtet ein asketischer Besitzverzicht. Im Kern geht es um einen radikalen Verzicht auf Status, wie die folgende Episode deutlich macht. »Ein Novize sagte: Vater, es wäre mir ein großer Trost, einen Psalter zu haben. Da sprach der selige Franziskus zu ihm: Nachdem du einen Psalter erhalten hast, wirst du nach einem Brevier [Gebetbuch der Kleriker] verlangen und es haben wollen. Und nachdem du ein Brevier erhalten hast, wirst du auf der Kathedra [Bischofsstuhl] sitzen und wie ein hoher Prälat zu deinem Bruder sagen: ›Bring mir das Brevier!‹« (SP 4). Nicht Verzicht um des

Verzichts willen, sondern aus Gründen der Statussensibilität und solidarischer Verbundenheit.

Wer diesen Weg nimmt, überwindet nicht sich selbst, sondern letztlich die Gleichgültigkeit, vor der Papst Franziskus warnt: »Fast ohne es zu merken, werden wir unfähig, Mitleid zu empfinden gegenüber dem schmerzvollen Aufschrei der anderen, wir weinen nicht mehr angesichts des Dramas der anderen, noch sind wir daran interessiert, uns um sie zu kümmern, als sei all das eine uns fernliegende Verantwortung, die uns nichts angeht. Die Kultur des Wohlstands betäubt uns, und wir verlieren die Ruhe, wenn der Markt etwas anbietet, was wir noch nicht gekauft haben, während alle diese wegen fehlender Möglichkeiten unterdrückten Leben uns wie ein bloßes Schauspiel erscheinen, das uns in keiner Weise erschüttert« (EG 54).

Jesus vermittelt in dieser Geschichte vom mutigen dritten Diener eine solche »Mystik der offenen Augen«. Das Christentum war nie gedacht als eine Lebensversicherung für ein wie auch immer geartetes Jenseits. Jesus will die Augen der Jünger öffnen für das konkrete Hier und Jetzt und auch seine Schattenseiten, das Leid und die Ungerechtigkeit. Diese Mystik »hat den Menschen, die von ihr ergriffen waren, gegen mächtige, erstarrte, gesellschaftskonforme Institutionen geholfen«, sagt Dorothee Sölle (Sölle 2014: 28). In ihrem Buch »Mystik und Widerstand« versucht sie, die »fatale Trennung von Ethik und Religion« zu überwinden: »Das ›und‹ zwischen Mystik und Widerstand muss radikaler begriffen werden – und genau darin liegen die Schwierigkeiten. Man kann nämlich nicht denken, was man nicht tut. ... Ich kann die Liebe Gottes nur sehen, wenn ich ein Teil von ihr werde. ... Unser religiös begründeter Widerstand ist noch so schwach, so erfahrungsarm, so ungetan, dass wir ihn kaum denken können« (ebd.: 36f).

Diese Geschichte vom Ausstieg aus einem ungerechten System erinnert uns daran, dass es den ersten Christen nicht um Religion im kultischen Sinne und das Praktizieren von religiösen Ritualen ging. Dagegen hatte das römische Imperium gar nichts. Und auch heute stört diese Art von Religionsausübung niemanden, solange sie »Privatsache« bleibt. Für die ersten Christen war Religion aber keine Privatsache, sondern eine neue, gewaltfreie und statusegalitäre Lebensweise: »Denn ihr alle, die ihr auf Christus getauft seid, habt Christus (als Gewand) angelegt. Es gibt nicht mehr Juden und Griechen, nicht Sklaven und Freie, nicht Mann und Frau; denn ihr seid alle ›einer‹ in Jesus Christus« (Gal 3,27f). Die ersten Christen lebten im Reich Gottes. Sie verweigerten deshalb alles, was der Herrschaft Gottes widersprach: den Besuch von Zirkusvorführungen, Hinrichtungen oder Veranstaltungen für die Vergöttlichung des Kaisers. Diese Verweigerung ist ein Grund, warum sie ganz konkret verfolgt wurden. Wir können von diesem Jesus im Lukasevangelium lernen, dass Aktion und Kontemplation, Mystik und Widerstand zusammengehören. Das Reich Gottes ist dort, wo Menschen sehen, urteilen und handeln wie Zachäus oder eben jener dritte Diener in der Geschichte von den Minen.

Spätestens aber, als das junge Christentum offiziell Reichskirche wurde, verstanden nur noch wenige diese Botschaft. Einer von ihnen ist Hilarius von Poitiers. Er lebte im 4. Jahrhundert und erlebte, wie aus einer staatlich verfolgten eine rechtlich privilegierte Kirche wurde. Seine Analyse klingt hochaktuell: »Heute kämpfen wir gegen eine verborgene Verfolgung, gegen einen Feind, der uns schmeichelt, gegen den Antichrist Konstantius, der uns nicht die Rücken auspeitscht, sondern den Bauch streichelt; er ächtet uns nicht zum Leben, sondern bereichert uns zu Tode; er drängt uns nicht ins Gefängnis zur Freiheit, sondern im Palast ehrt er uns zur Sklaverei; nicht Ziegel reißt er nieder, sondern besetzt das Herz; nicht schlägt er uns das Haupt mit dem Schwert ab, sondern die Seele quält er mit Gold; nicht wird von Staats wegen mit dem Scheiterhaufen gedroht, sondern heimlich entzündet er die Höllenfeuer. Er streitet nicht, um nicht besiegt zu werden; sondern Christus wird verehrt, um in Wirklichkeit beherrscht zu werden; Christus wird gepriesen, um in Wirklichkeit geleugnet zu werden« (Liber contra Constantium Imperatorem I,5).

Ins gleiche Horn stößt viele Jahrhunderte später die katholische Sozialaktivistin Dorothy Day: »We need to change the system. We need to overthrow not the government, but this rotten, decadent, putrid industrial capitalist system which breeds such suffering – Wir brauchen eine Änderung des Systems. Wir müssen nicht die Regierung stürzen, sondern dieses miese, dekadente, verfaulte industrielle kapitalistische System, das solches Leid hervorbringt«, schreibt sie 1956. Dorothy Day war eine moderne Mystikerin. Und sie war überzeugt, dass der einzige Weg zu nachhaltigem politischem Widerstand die Revolution eines einfachen Lebens ist.

Franz von Assisi verkörpert diese mystische Widerständigkeit ohne Worte, wenn er um Almosen bettelt und diese zu Einladungen bei »hochgestellten Personen« mitbringt: »Wollten sie ihn durch eine reichlichere Tafel ehren, dann bettelte er erst in den näher liegenden Häusern der Umgebung Stücke Brot und setzte sich dann, reich in seiner Armut, zu Tisch« (LM VII, 7). Es wirkt wie eine »paradoxe Intervention«, wenn Franziskus dem Kardinal und seinen adligen Gästen das Erbettelte austeilt, und ihnen damit auf freundliche Weise den Spiegel vorhält, sodass sie nicht anders können als »es mit großer Ehrfurcht und Frömmigkeit« anzunehmen. Franz von Assisi ist ein heiliger »Narr, ein Pazzo, nicht ein gutmütiger Einfaltspinsel. Er inszeniert immer wieder neu das, was eigentlich gelten soll – das Niederhauen der Grenzen, die auf der Besessenheit von Besitz errichtet sind«, schreibt Dorothee Sölle (Sölle 2014: 319).

Mit Demut und Noblesse

Das Reich Gottes fällt nicht vom Himmel und es lässt sich nicht mit irdischer Gewalt zustandebringen. Was also können wir tun? Jesus liefert keinen Zehn-Punkte-Plan oder Ähnliches. Als Johannes der Täufer in der Wüste predigt und die Menschen aufruft, ihr Leben zu ändern, da fragen sie ihn genau das: »Was sollen wir tun?« (Lk 3,1–20). Den einen antwortet er, sie sollen ihren Besitz und ihre Lebensmittel mit denen teilen, die nichts haben. Den Steuereintreibern sagt er, sie sollen nicht mehr nehmen, als ihnen zusteht. Und die Soldaten sollen niemanden misshandeln.

Der Täufer verkörpert einen Asketen, der in der Wüste lebt und alle zur Askese aufruft. Aber das ist nicht das Entscheidende, und Johannes scheint das zu wissen. Als die Leute glauben, er selbst sei der Messias, kündigt Johannes einen an, der sie »mit dem Heiligen Geist und mit Feuer taufen« wird. Jesus sagt es dann so: »Wenn jemand nicht von Neuem geboren wird, kann er das

Reich Gottes nicht sehen« (Joh 3,3). Jesus bietet keine Anleitung an, sondern eine Reise, die nicht mehr und nicht weniger als unsere Hingabe fordert. Wir hätten lieber die Anleitung: Tu dies und tu das und so machst du es richtig.

Jesus predigte Armut im Geiste, weil er wusste, dass jede noch so »gute« Tat unseren Narzissmus nähren und uns überheblich und »reich« machen kann. Es ist leicht, anderen zu helfen und das »Richtige« zu tun oder gegen Ungerechtigkeit und jene, die sie verüben, zu protestieren, wenn wir auf diese Weise unsere Überlegenheit sicherstellen können. Jesus macht uns aufmerksam auf den verborgenen Machthunger, mit dem wir unter dem Deckmantel der Tugend unsere eigenen Bedürfnisse durchsetzen: »Die Könige herrschen über ihre Völker und die Mächtigen lassen sich Wohltäter nennen. Bei euch aber soll es nicht so sein, sondern der Größte unter euch soll werden wie der Kleinste, und der Führende soll werden wie der Dienende« (Lk 22,25–26). Das Reich Gottes lässt sich nicht durchsetzen, wir können ihm nur in der Mitte Raum geben. Wohlgemerkt: Jesus will uns demütig machen, aber Demut meint dabei keine naive Unterwürfigkeit, sondern im wahrsten Sinne des Wortes eine reife Selbstbewusstheit. Nur das ist der Grund, warum Jesus dazu auffordert, sich auch noch auf die andere Wange schlagen zu lassen. Er predigt keinen Masochismus, sondern innere Freiheit, man könnte auch demütige Selbstherrschaft sagen. Wer die besitzt, kann die Machtspiele durchbrechen und Raum schaffen für das verbindende Wirken des Geistes.

Zur Wahrheit gehört, dass wir allein gar nicht viel bewirken können. Demut bedeutet, diese Grenze zu kennen und somit auch Ohnmacht und Verzweiflung wahrnehmen zu können und zuzulassen. Den Schmerz wahrzunehmen ist in einer leistungs- und erfolgsbesessenen Gesellschaft kein Wert. Dabei ist der Schmerz ein wichtiges Warnsignal und kann ein Durchgang werden zu Hoffnung und Heilung. Wir hören zum Beispiel täglich Nachrichten über den Zustand des Planeten, der Menschheit und der Schöpfung und können daran nicht viel ändern. Wir sind ohnmächtig; die meisten fürchten sich aber, dieses Gefühl und die daraus folgende Verzweiflung an die Oberfläche kommen zu lassen. Sie knebeln gewissermaßen die Seele und spalten die negativen Gefühle ab. Die Verzweiflung lässt sich aber nicht wegjoggen oder durch »positives Denken« zum Schweigen bringen. Wir kennen das vom Umgang mit Trauer: »Wir müssen sie beim Namen nennen und als das bewerten, was sie ist, als eine gesunde und normale menschliche Reaktion auf die Lage, in der wir uns befinden«, sagt Joana Macy und spricht analog zur Trauerarbeit von der Notwendigkeit einer Verzweiflungsarbeit. Um wirklich etwas für die Welt tun zu können, müssen wir unseren Schmerz über den Zustand der Welt annehmen und aussprechen. Das ist freilich leichter gesagt als getan, weil es wehtut und zudem einem gesellschaftlichen Tabu gleichkommt, diesen Schmerz offen zum Ausdruck zu bringen. »Beide Gründe beruhen auf einer unangemessenen Sicht des Selbst: das Selbst als etwas Isoliertes und Zerbrechliches. ... Solange wir uns als im Grunde getrennte, miteinander konkurrierende und mit unserem Ego identifizierte Wesen sehen, ist es schwer, unsere gesellschaftliche Verzweiflung als berechtigt anzuerkennen, entspringt sie doch unserer allseitigen Verbundenheit«, sagt Joana Macy (Macy 1994: 32–38).

Nach den Maßstäben des Reiches Gottes zu handeln heißt, »dass das Übermaß der Kraft von Gott und nicht von uns kommt« (2 Kor 4,7). Es bedeutet nicht, einen genauen Plan zu haben, sondern vielmehr »die Fragen zu leben« und eines Tages »in die Antwort hinein zu leben«, wie es Rilke formuliert. Die in diesem Sinne Demütigen tragen eine innere Gewissheit und die Überzeugung, »dass Gott in jeder Situation handeln kann, auch inmitten scheinbarer Misserfolge«, wie Papst Franziskus sagt: »Man weiß wohl, dass das eigene Leben Frucht bringen wird, beansprucht aber nicht zu wissen, wie, wo und wann. Man hat die Sicherheit, dass keine der Arbeiten, die man mit Liebe verrichtet hat, verlorengeht, dass keine der ehrlichen Sorgen um den Nächsten, keine Tat der Liebe zu Gott, keine großherzige Mühe, keine leidvolle Geduld verloren ist ... Der Heilige Geist handelt, wie er will, wann er will und wo er will; wir aber setzen uns ohne den Anspruch ein, auffällige Ergebnisse zu sehen. Wir wissen nur, dass unsere Hingabe notwendig ist« (EG 279).

Diese innere Haltung der Hingabe finden wir auch bei Franz von Assisi unter dem Begriff *cortesia*, »die Schwester der Liebe, welche den Hass auslöscht und die Zuneigung bewahrt« (Fior 37,6). »Höflichkeit« als Übersetzung trifft nicht den Punkt. *Cortesia* umfasst auch die oben genannte reife Selbstbewusstheit, aber sie ist bei Franziskus nicht gentlemanlike kühl und distanziert. Es ist eine liebenswürdige Freundlichkeit, Zugewandtheit, Aufrichtigkeit, Verbundenheit, auch Solidarität, das heißt Gemeinschaft mit den Leidenden. Die franziskanische Cortesia ist ein göttlicher Adel, der nichts gemein hat mit Standesdenken und Dünkel. Franz von Assisi hat das, was Mario von Galli »Noblesse« nennt: »Nicht ein System der Asketik ..., nicht eine allgemeine Menschenliebe, nicht eine Serie von Geboten, von Moralgesetzen ..., nicht die Idee eines Persönlichkeitsideals ..., überhaupt keine

Idee von Ideologie beherrschen sein Denken und Tun, sondern eben sein Glaube, der Antwort ist auf den sich ihm persönlich als unfasslich nobel offenbarenden Gott. Nur eine Antwort ist möglich: Noblesse gegen Noblesse« (Galli 1970: 230 f).

So paradox das klingen mag: Die Noblesse des heiligen Franz ist nichts anderes als die Wildheit des wilden Gottes. Es fällt vielleicht schwer, diesem Gedanken zu folgen, weil wir Wildnis in der Regel – wie oben bereits beschrieben – mit etwas zu Überwindendem in Verbindung bringen und Noblesse dagegen eher als Tugend betrachten. Es wird Zeit, den Begriff von Wildnis neu zu denken, und wir können dabei von Franziskus lernen: »Nicht die Selbstüberwindung war das Ziel, der Hunger nach dem Gotterleben beherrschte das Tun«, stellt Mario von Galli fest (Galli 1970: 23). Die ganze wilde Schöpfung ist für Franz eine Geste der Noblesse Gottes, »der seine Sonne und seinen Regen Gerechten und Ungerechten aus Noblesse [*cortesia*] gibt« (Fior 37,6). Franziskus begegnet dieser Noblesse in allen Geschöpfen und überhaupt in allem, was existiert. Nur die Haltung der Noblesse, die aller wilden Natur selbst innewohnt, macht uns zu kosmischen Geschwistern. Sogar den Tod kann Franz deshalb im Sonnengesang zärtlich, aber respektvoll eine Schwester nennen, der »kein Mensch lebend entrinnen« kann.

Franziskus hat das, was wir heute einen »tiefenökologischen« Zugang nennen: Die wilde Natur ist nicht eine irgendwie mit uns verwandte Vergangenheit, die wir mehr und mehr abstreifen. Die Wildnis ist unsere innere Gegenwart. Da ist Verbundenheit und Dankbarkeit, zugleich aber auch die Fähigkeit, den Schmerz und die Verzweiflung zu würdigen. Und zu sehen, wo »im Bitteren das Süße« ist. Diese Wildnis »birgt einen Abgrund, der verwirrt und tröstet. Die Wildnis ist die dunkle Materie, die uns trägt«, sagt der Biologe Andreas Weber. »Ihre Kraft besteht darin, dass ein Schnitt im Finger von selbst heilt, ohne unser Zutun. In ihrem tiefsten Kern ist Wildnis das, was man nicht kennen kann, weil man es ist, unterhalb des Kennens. Wildnis ist der Kennensprozess selbst. Man kann sie nicht kontrollieren, kommandieren, durchschauen, als Priester oder Guru monopolisieren, weil sie es ist, die uns wirft wie eine Welle im Ozean« (Weber 2010: 35). Wildnis ist der Ort, an dem der Heilige Geist »weht, wo er will« (Joh 3,8).

Die Noblesse ist Teil jener »Kultur der Wildnis«, die Andreas Weber beschreibt: »Wild ist jenes Leben, das nicht allein seinen eigenen individuellen Gesetzen, sondern zugleich jenen des Lebendigseins selbst folgt. Das aus dem Leben mehr Leben macht, aber nicht nur aus dem eigenen, sondern aus dem Leben aller. Wildnis ist Selbstherrschaft. Nicht Selbstbeherrschung. Nicht Selbstverwirklichung. Eine Ethik der Wildnis wäre darum ... auf ›Achtsamkeit, Manieren und Stil‹ gegründet« (ebd.). Offenbar geht es auch Jesus nicht zuerst um die Frage, was wir genau tun, sondern mit welcher Haltung wir es tun. Das Reich Gottes kommt nicht von außen, sondern – wenn man so will – von innen (vgl. Lk 17,21). Wenn wir diese Haltung der Hingabe – eine Haltung echter Demut und wilder Noblesse – einüben, werden wir wie der dritte Sklave in der Geschichte zur rechten Zeit am rechten Ort aus innerem Wissen heraus nicht nur »das Richtige«, sondern wahrhaft großartige Dinge tun.

in praxi: Beten

Rituelle Räume dienten schon immer dazu, uns in die Haltung der Hingabe zu initiieren und uns mit unserem inneren Wissen in Kontakt zu bringen. Teilnehmer und Teilnehmerinnen von Visionssuchen berichten, dass ihnen die Bedeutung und Relevanz dessen, was sie am eigenen Leib in den rund 100 Stunden ihrer persönlichen Auszeit erfahren haben, erst viel später klar geworden ist. Manchmal wachsen wir in unser »inneres Wissen« hinein. Das Ritual an einem Lebensübergang bereitet den Boden dafür, dass die Saat aufgehen kann.

Eine Visionssuche ist etwas für die großen Übergänge; ein ritueller Raum für den Alltag ist seit jeher das Gebet. Es ist bezeichnend, dass Jesus nur einen einzigen »Text« hinterlassen hat, nämlich das Vaterunser. Und auch das nur widerwillig. Er wollte wohl verhindern, dass nur Worte aufgesagt werden und wir »plappern« (Mt 6,7). Das Gebet ist ein leeres Ritual, wenn es nicht den inneren Prozess voranbringt. Wenn die großen inneren Schritte das Bereiten des Ackers sind, ist das Gebet die Pflege und das Begießen der Saat. Jesus zog sich oft an einsame Orte zurück, und vermutlich tat er dort das, was wir heute Meditation nennen. Sein Gebet war also kontemplativ, um es mit der christlichen Tradition zu sagen.

»Betet ohne Unterlass«, sagt Paulus (1 Thess 5,17) und zeigt damit, dass das Gebet den Alltag begleitet und ihn durchdringt. In den vergangenen Jahren haben Christen das Herzensgebet aus der orthodoxen Tradition wiederentdeckt. Es besteht aus nichts weiter als der nicht endenden Wiederholung eines Mantras: »Herr, Jesus Christus, Sohn des lebendigen Gottes, erbarme dich meiner« in der klassischen Form, »Jesus, erbarme dich« in einer kurzen Variante. Der Beter und die Beterin sprechen es wiederholt für sich, zunächst laut, irgendwann innerlich, meist gekoppelt mit dem Atem. Dieses Beten ist zunächst eine Technik. Die Worte an sich sind weniger wichtig. Entscheidend ist, dass der Beter mit ihnen einen positiven Halt für sein Leben verbindet. Für Atheisten wäre es denkbar, dass sie ein Mantra wie »Liebe trägt mich« oder etwas Ähnliches wählen. Es kommt darauf an, sich in der Präsenz, die das Mantra ausdrückt, zu verankern. Für Christen ist das natürlich Christus.

Die Christen der westlichen Tradition haben eine eigene mantrisch-betrachtende Gebetsform entwickelt: den Rosenkranz. Der ist leider in den vergangenen Jahren aus der Mode gekommen und hat ein schlechtes Image, weil er teilweise von Ultrakonservativen als Ausweis wahrer Katholizität beansprucht wird. Dabei ist der Rosenkranz als Technik ein uraltes spirituelles Treppengeländer, das vermutlich schon seit der Steinzeit dazu dient, mit der Wirklichkeit des Hier und Jetzt in Einklang zu kommen. Archäologen fanden Gebetsriemen mit kleinen Steinen. Die Gebetsschnüre in anderen Kulturen wie im Islam oder im Buddhismus zeigen, dass es sich hier nicht um eine katholische Erfindung handelt. Der Rosenkranz in der heutigen Form steht also auf einem pankulturellen und universellen Fundament. Zum mantrischen Teil gehört die Wiederholung der Grundgebete Vaterunser und Ave Maria. Den Kern bilden aber die Geheimnisse, in denen das Evangelium in Bildern betrachtet wird. So erscheint vor dem inneren Auge des Beters das Evangelium als Kreis von Geburt, Leben, Leiden, Tod und Auferstehung des Christus, das – wie wir gesehen haben – nichts anderes darstellt als das Rad des Lebens.

Der Rosenkranz ist ein Spiegel des Rades, in dem der Beter sein Leben reflektieren und wiederkäuen kann, um auch das Schwere zu verdauen und Kraft zu schöpfen für den Alltag.

Die Wirkung des Gebets zeigt sich dann, wenn wir den Boden unter den Füßen verlieren. Das Gebet hält uns in Verbindung mit dem göttlichen Urgrund. Das klingt hochtrabend, hat aber eine ganz alltägliche Dimension: Es geht darum, auf dem Boden zu bleiben und sich nicht von der Wut, vom Stress oder sonstigen inneren Gewittern wegspülen zu lassen. Und wenn nur auf der Autobahn vor uns einer schleicht oder es im Supermarkt an der Kasse nicht weitergeht. Oft sind es genau diese im Grunde banalen Situationen, die uns triggern und die Tür für die »Dämonen« öffnen. Dann könnten wir der Empfehlung der evangelischen Theologin Sabine Bobert folgend beten: »Jesus, erbarme dich – über diesen Saftladen« oder Ähnliches. Die Psalmen sind voller Beispiele, in denen der Beter seine Klage vor Gott trägt. Das ist alles andere als Schicksalsergebenheit oder Tatenlosigkeit. Denn nur wenn wir auf dem Boden bleiben, werden wir erkennen, was jetzt unsere Möglichkeiten sind und was wert ist, getan oder gelassen zu werden. Um bei dem banalen Beispiel mit der Kasse zu bleiben: Jeder weiß, dass der hektische Wechsel an eine andere Kasse meist dazu führt, dass es noch länger dauert. Gebet kann geduldig machen im Sinne einer gelassenen Zähigkeit, die den Weg nicht aus den Augen verliert. Und was in den kleinen Situationen trägt, hilft vielleicht auch in den großen, mögen die Hindernisse noch so herausfordernd sein.

Franz von Assisi spricht von der »wahren Freude«, die die »wahre Tugend und das Heil der Seele« ist. Eines Tages ruft er seinen Begleiter Leo herbei, er sei zu einer wichtigen Erkenntnis gekommen. Jahre sind vergangen, aus der kleinen Bewegung der Minderbrüder ist ein großer Orden mit Tausenden von Mitgliedern geworden. Franziskus sieht seine Lebensform und sein Ideal in Gefahr, gefährdet von Regulierung und Institutionalisierung. Sprich: Er hat nicht mehr die Kontrolle über das, was er selbst angestoßen hat. Es ist eine Zeit des Übergangs. Die alte Rolle und Aufgabe passt nicht mehr. Franziskus ist in der Krise.

»Schreibe«, sagt er, »was die wahre Freude ist. Es kommt ein Bote und sagt, dass alle Magister von Paris zum Orden gekommen sind. Schreibe: Das ist nicht die wahre Freude. Ebenso alle Prälaten jenseits der Alpen, die Erzbischöfe und Bischöfe; ebenso der König von Frankreich und der König von England. Schreibe: Das ist nicht die wahre Freude. Ebenso, dass meine Brüder zu den Ungläubigen gegangen sind und sie alle zum Glauben bekehrt haben; ebenso, dass ich von Gott solch große Gnade erhalten habe, dass ich Kranke heile und viele Wunder wirke. Ich sage dir, dass in alldem nicht die wahre Freude ist.« »Was aber ist die wahre Freude?« »Ich kehre von Perugia zurück, und in tiefer Nacht komme ich hierher, und es ist Winterszeit, schmutzig und so kalt, dass die kalten Wassertropfen am Saum des Habits gefrieren und immer an die Schienbeine schlagen und das Blut aus diesen Wunden fließt. Und völlig in Schmutz und Kälte und Eis komme ich zur Pforte, und nachdem ich lange geklopft und gerufen habe, kommt der Bruder und fragt: Wer ist da? Ich antworte: Bruder Franziskus. Und er sagt: Geh fort! Um diese Zeit strolcht man nicht durch die Gegend. Hier kommst du nicht herein. Und auf weiteres Drängen antwortet er: Geh weg! Du bist ein einfältiger und ungebildeter Mensch. Du kommst auf keinen Fall zu uns. Wir sind so viele und von solcher Art, dass wir dich nicht brauchen. Und ich stehe immer noch an der Pforte und sage: Um der Liebe Gottes willen, nehmt mich auf in dieser Nacht. Und jener antwortet: Das werde ich nicht tun. Geh zur Niederlassung der Kreuzträger [das ist die Obdachlosenunterkunft] und bitte dort! Ich sage dir: Wenn ich Geduld habe und mich nicht aufrege, dass darin die wahre Freude ist« (WFreud 3–15).

Zum Abschluss: Über den großen Wandel

Wenn das, was für die Entwicklung des einzelnen Menschen Bedeutung hat, auch für die Entwicklung der Menschheit gilt, dann befinden wir uns kulturell in einer Art initiatorischer Übergangsphase. Die Menschheit wird erwachsen – hoffen wir es. Denn der Erfolg dieses Prozesses ist, wie wir gesehen haben, kein Automatismus. Wir sind beteiligt. Aber eine solche kollektive Perspektive hilft, das eigene Tun in einen größeren Zusammenhang zu stellen. Wir sind alle Teil eines großen Wandels, der sich vollzieht und vollziehen muss.

Die Menschheit wird nur überleben, wenn sie »erwachsen« wird. Wir können nicht mehr wie unschuldige Kinder nehmen, was wir brauchen, ohne zu fragen, welche Folgen unser Handeln hat. Der infantile Narzissmus, der sich immer selbst für den Nabel der Welt hält und in unschuldiger Unersättlichkeit alles besitzen und immer gewinnen will, taugt nicht mehr zum Leben. Er wird gefährlich, weil er die Ressourcen auffrisst, die das gemeinsame Überleben der Schöpfung sichern. Wir sehen und spüren das täglich, aber es ist offenbar noch nicht im kollektiven Bewusstsein angekommen. Der 15. September 2008 war der Tag, an dem die Wall Street kollabierte und eine internationale Finanzkrise die gesamte Weltwirtschaft ins Chaos zu stürzen drohte. Wochenlang war in den Medien kaum etwas anderes Thema. Ein anderes Ereignis, knapp eine Woche später, fand medial kein Echo: Der »Weltüberlastungstag«, »Earth-Overshoot-Day« genannt, war im Jahr 2008 am 23. September. Er markiert die Schwelle, an der der weltweite Ressourcenverbrauch die Kapazität der Erde übersteigt, diese Ressourcen zu reproduzieren. Sprich: Der Tag, an dem wir global bereits mehr verbraucht haben, als nachwachsen kann. Dieser Tag liegt von Jahr zu Jahr früher. 2017 war er bereits am 2. August. Es gelingt immer weniger, darüber hinwegzusehen.

Zu einem reifen Leben gehört die Fähigkeit, mit dem Schatten zu tanzen. Wir hier in Europa müssen uns bewusst sein, dass das für viele Menschen mehr als eine innere Übung ist. Jede Woche sterben vier Menschen, die sich auf diesem Planeten für den Schutz der Umwelt einsetzen. Als Ranger in Nationalparks, als Aktivisten, die gegen illegale Abholzung protestieren. Sie werden ermordet. Die meisten in Brasilien, auf den Philippinen und in Zentralafrika. Im Februar 2005 wurde die Ordensfrau Dorothy Stang in Brasilien auf offener Straße durch sechs Schüsse getötet. Der Großgrundbesitzer und Sägewerksbetreiber Vitalmiro Moura hatte den Mord in Auftrag gegeben, weil sich die Ordensfrau gegen die Abholzung des Amazonas und für die Rechte von Landlosen eingesetzt hatte. Der Fall erregte weltweit Aufsehen. Moura wurde dafür später zu 30 Jahren Haft verurteilt. Der Anwalt von Dorothy Stang verzeichnet allerdings noch mehr als 700 weitere Mordfälle an Aktivisten in der Region. Die Fälle wurden entweder nie aufgeklärt oder die Täter nie verurteilt. Wir sind dabei ohnmächtige Zuschauer. Was uns verbindet, ist der Schmerz. Über alle Grenzen hinweg. Das zuzulassen ist nicht wenig, sondern viel. Es bedeutet auf einer kollektiven und globalen Ebene, den Schmerz über den Zustand der Welt, die Angst vor der Zukunft, die eigene Ratlosigkeit, Ohnmacht und Verzweiflung angesichts von unsäglichem Leid und himmelschreiender Ungerechtigkeit nicht zu betäuben.

Eine gesunde Spiritualität fördert das Erwachen und die Fähigkeit, hinzuschauen und zu (er)tragen, was wir sehen. Die Verdrängung von Angst und Schmerz kostet viel Energie. Energie, die nicht in kreatives und verantwortungsvolles Handeln fließen kann. Gerade »unser religiöses Erbe kann dazu beitragen, dass wir unsere Verzweiflung als berechtigt, ja als schöpferisch anerkennen«, sagt Joana Macy. »Der leidende Diener der Bibel und etliche Propheten des Alten Testaments zeugen von der Kraft, die in der Aufgeschlossenheit für die Kümmernisse anderer liegt. Das höchste Symbol dieser Kraft ist im Christentum das Kreuz. Das Kreuz, an dem Jesus starb, lehrt uns, dass Erlösung und Erneuerung durch eben diese Offenheit für den Schmerz der Welt zu finden sind« (Macy 1994: 39). Viele betrachten Religion als Ballast aus vergangenen Zeiten und Spiritualität allenfalls noch als Wellness. Die Frage ist aber nicht, ob Religion und Spiritualität etwas beitragen zum Wohl oder Wehe der Menschheit, sondern *wie* sie es tun, sprich: »wes Geistes Kind« wir sind.

Spiritualität und Religion bedürfen deshalb auch der Erneuerung, damit sie nicht an den Betäubungsmechanismen mitwirken. Die religiösen Institutionen müssen sich selbst dem Prozess des Wandels stellen und »erwachsen werden«. Denn nicht die Institution, sondern der Schatz, den sie hütet und weitergibt, macht lebendig und hat die Kraft zu wandeln und zu erneuern. Papst Franziskus erinnert daran, dass das Loslassen wesentlich zur Erneuerung gehört: »Es ist wie ein Eintauchen in ein Meer, wo wir nicht wissen, was auf uns zukommen wird. Ich selbst habe das viele Male erlebt. Es gibt aber keine größere Freiheit, als sich vom Heiligen Geist tragen zu lassen, darauf zu verzichten, alles berechnen und kontrollieren zu wollen, und zu erlauben, dass er uns erleuchtet, uns führt, uns Orientierung gibt und uns treibt, wohin er will« (EG 280). Wenn wir es zulassen, führt uns dieser Geist zur Quelle zurück, so dass wir die Kraft finden, etwas Lebendiges hervorzubringen. Das gilt auf allen Ebenen, sei es institutionell, kollektiv oder individuell. In Wahrheit leben wir immer in Zeiten des Wandels. Die großen Übergänge gelingen, wenn wir die kleinen Übergänge würdigen und vollziehen. Und wenn es immer wieder gelingt, sich mit der Quelle zu verbinden.

Es geht letztlich darum, Kontemplation und Aktion, Mystik und Widerstand in Verbindung zu bringen und in diesem Sinne »barfuß und wild« zu leben. Das bedeutet, zu wissen und zu ertragen, dass »der Gott, der mit uns ist, der Gott ist, der uns verlässt« (Mk 15,34). Es bedeutet, den Kinderglauben abzustreifen und eine reife Spiritualität zu entwickeln, die »ohne die Arbeitshypothese Gott« auskommt, weil das der Gott ist, »vor dem wir dauernd stehen«, wie es Dietrich Bonhoeffer sagt: »Vor und mit Gott leben wir ohne Gott. Gott lässt sich aus der Welt herausdrängen ans Kreuz, Gott ist ohnmächtig und schwach in der Welt, und gerade und nur so ist er bei uns und hilft uns« (Bonhoeffer 2011: 523f). Ein Sprichwort unbekannter Herkunft bringt das auf eine einfache Formel: Wir sollten so beten, als wenn es ganz allein auf uns ankäme. Und wir sollten so arbeiten, als wenn es ganz allein auf Gott ankäme.

Dank

Ich möchte allen danken, die zur Entstehung dieses Buches beigetragen haben. Meinen Lehrerinnen und Lehrern, allen voran den Brüdern der deutschen Franziskanerprovinz, die mich begleitet haben, Richard Rohr, Tiemo Rainer Peters, Martin Ebner und Sylvia Koch-Weser. Ich danke meiner Familie, besonders meiner Frau, dass sie mir den Raum und die Zeit geschenkt hat zum Schreiben. Ich danke Maria Zimmer-Geyer für die kritische Lektüre des Textes und das feinfühlige Mitdenken. Dem Patmos Verlag danke ich für die Anregung und die Ermutigung, das Buch überhaupt zu schreiben, und für die engagierte Begleitung im Entstehungsprozess. Und schließlich bin ich all jenen dankbar, die mir erlaubt haben, sie zu begleiten auf ihrem Weg und deren Erfahrungen und Geschichten eine wichtige Grundlage für das hier Dargelegte bilden.

Quellen und Literatur

Quellen

Zitierte franziskanische Quellenschriften (Berg, Dieter / Lehmann, Leonhard [Hrsg.]: Franziskus-Quellen. Die Schriften des heiligen Franziskus, Lebensbeschreibungen, Chroniken und Zeugnisse über ihn und seinen Orden, Kevelaer 2009):

1 Cel	Thomas von Celano, 1. Lebensbeschreibung, *Vita*
2 Cel	Thomas von Celano, 2. Lebensbeschreibung, *Memoriale*
1 Gl	1. Brief des hl. Franziskus an die Gläubigen
1 Kust	1. Brief des hl. Franziskus an die Kustoden
2 Vitry	Jakob von Vitry, Brief aus Damiette
Erm	Ermahnungen des hl. Franziskus
Fior	Fioretti (Blümlein) des hl. Franziskus
Gef	Dreigefährtenlegende
LM	Bonaventura, Legenda Major
Min	Brief des hl. Franziskus an einen Minister
Per	Sammlung von Perugia
SC	Der hl. Bund des sel. Franziskus mit der Herrin Armut (Sacrum Commercium)
SP	Der Spiegel der Vollkommenheit
Test	Das große Testament des hl. Franziskus
WFreud	Diktat über die wahre Freude

Zitierte biblische Schriften

Apg	Apostelgeschichte
Eph	Epheserbrief

Ex	Exodus (2. Mose)
Gal	Galaterbrief
Gen	Genesis (1. Mose)
Hos	Hosea
Ijob	Ijob (Hiob)
Jes	Jesaja
Joh	Evangelium nach Johannes
Koh	Kohelet (Prediger)
Kol	Kolosserbrief
1 Kor	Erster Korintherbrief
2 Kor	Zweiter Korintherbrief
Lk	Evangelium nach Lukas
Mk	Evangelium nach Markus
Mt	Evangelium nach Matthäus
Ps	Buch der Psalmen
Röm	Römerbrief
1 Sam	Erstes Buch Samuel
1 Thess	Erster Thessalonicherbrief

Andere zitierte Quellenschriften

Apophthegmata Patrum (»Sprüche der Väter«). Sammlung überlieferter Sprüche von Mönchen frühchristlicher Zeit.

DV Zweites Vatikanisches Konzil: Dogmatische Konstitution *Dei Verbum* über die göttliche Offenbarung (1965).

EG Papst Franziskus: Apostolisches Schreiben *Evangelii gaudium* über die Verkündigung des Evangeliums in der Welt von heute (2013).

LS Papst Franziskus: Enzyklika *Laudato si'* über die Sorge für das gemeinsame Haus (2015).

Literatur

Buber, Martin: Das dialogische Prinzip, Gerlingen 1994.

Bobert, Sabine: Jesus-Gebet und neue Mystik. Grundlagen einer christlichen Mystagogik, Kiel 2010.

Bonhoeffer, Dietrich: Widerstand und Ergebung. Briefe und Aufzeichnungen aus der Haft, DBW 8, Gütersloh 2011.

Boff, Leonardo: Kleine Trinitätslehre, Düsseldorf 1990.

– Ders.: Kleine Sakramentenlehre, Düsseldorf 1992.

– Ders.: Von der Würde der Erde. Ökologie – Politik – Mystik, Düsseldorf 1994.

– Ders.: Meditation des Lichts. Göttliche Energie mitten im Alltag, München 2010.

– Ders.: Befreit die Erde. Eine Theologie für die Schöpfung, Stuttgart 2015.

– Ders./Hathaway, Mark: Befreite Schöpfung. Kosmologie – Ökologie – Spiritualität, Kevelaer 2016.

Bögle, Robert/Heiten, Gesa: Räder des Lebens. Orientierungsmodelle für tiefe Transformation, Klein Jasedow 2014.

Bonaventura: Der Pilgerweg des Menschen zu Gott. Itinerarium mentis in Deum, St. Ottilien 2010.

Campbell, Joseph: Der Heros in tausend Gestalten, Frankfurt a. M. 1999.

– Ders.: The Wisdom of Joseph Campbell. New Dimensions Radio Interview with Micheal Toms, Audiobuch, ungekürzte Ausgabe, London 2005, Band 1, Seite 2 (Übersetzung: J. F.).

Duerr, Hans Peter: Traumzeit. Über die Grenze zwischen Wildnis und Zivilisation, 1978.

Ebner, Martin: Das Markusevangelium. Neu übersetzt und kommentiert, Stuttgart 2008.

Feld, Helmut: Franziskus von Assisi, München 2001.

Foster, Steven / Little, Meredith: Die Vier Schilde. Initiationen durch die Jahreszeiten der menschlichen Natur, Uhlstädt-Kirchhasel 2010.

Fox, Matthew: Der große Segen. Umarmt von der Schöpfung. Eine spirituelle Reise auf vier Pfaden durch sechsundzwanzig Themen mit zwei Fragen, München 1991a.

– Ders.: Vision des kosmischen Christus. Aufbruch ins dritte Jahrtausend, Stuttgart 1991b.

Fromm, Erich: Die Kunst des Liebens, München 2011a.

– Ders.: Haben oder Sein, München 2011b.

von Galli, Mario: Gelebte Zukunft. Franz von Assisi, Luzern und Frankfurt a. M. 1970.

van Gennep, Arnold: Übergangsriten. Les rites de passage, Frankfurt a. M. / New York 2005.

Herwartz, Christian: Brennende Gegenwart. Exerzitien auf der Straße, Würzburg 2011.

Hildegard von Bingen: Der Mensch in der Verantwortung. Das Buch der Lebensverdienste. Liber Vitae Meritorum, Salzburg 1986a.

– Dies.: Welt und Mensch. Das Buch »De Operatione Dei«, Salzburg 1965.

Huijs, Peter: Taulers Weg nach innen. Blütenlese aus den Predigten des Johannes Tauler, 1300–1361, Birnbach 2009.

Jalics, Franz: Kontemplative Exerzitien. Eine Einführung in die kontemplative Lebenshaltung und in das Jesusgebet, Würzburg 2011.

Literatur

Jung, Carl Gustav: Psychologie und Religion, München 1994.

Koch-Weser, Sylvia / v. Lüpke, Geseko: Vision Quest. Visionssuche: Allein in der Wildnis auf dem Weg zu sich selbst, Klein Jasedow 2009.

Lehmann, Leonhard / Berg, Dieter (Hg.): Franziskus-Quellen. Die Schriften des heiligen Franziskus. Lebensbeschreibungen, Chroniken und Zeugnisse über ihn und seinen Orden, Kevelaer 2009.

Macy, Joanna: Die Wiederentdeckung der sinnlichen Erde. Wege zum Ökologischen Selbst, Zürich – München 1994.

Maslow, Abraham H.: Jeder Mensch ist ein Mystiker, Wuppertal 2014.

Meister Eckhart: Predigten, Frankfurt a. M. 2008.

Müller, Wunibald: Das Gold im Dunkeln der Seele finden. Neue Kraft aus verborgenen Quellen, Ostfildern 2015.

Rohr, Richard: Masken des Maskulinen. Neue Reden zur Männerbefreiung, München 1993.

– Ders.: Endlich Mann werden. Die Wiederentdeckung der Initiation, München 2005 (Titel der amerikanischen Originalausgabe: Adam's Return. The Five Promises of Male Initiation).

– Ders.: Vom Glanz des Unscheinbaren. Franziskanische Spiritualität, München 2007.

– Ders.: Die Liebe leben. Was Franz von Assisi anders machte, Freiburg i. Br. 2015.

Scholem, Gershom: Die jüdische Mystik in Hauptströmungen, Frankfurt a. M. 1980.

Sölle, Dorothee: Mystik und Widerstand. »Du stilles Geschrei«, Neuausgabe Freiburg i. Br. 2014.

Teilhard de Chardin, Pierre: Der Mensch im Kosmos, München 1981.

Weber, Andreas: Wild und gefährlich? Gedanken zu einer Kultur der Wildnis, Oya 05/2010, 32–36.

– Ders.: Alles fühlt. Mensch, Natur und die Revolution der Lebenswissenschaften, Klein Jasedow 2014.

Zimmermann, Jack & Coyle, Virginia: Der große Rat. Das Council – mit dem Herzen hören und sprechen, den Kreis erweitern, Freiburg i. Br. 2010.

Foto: © privat

Jan Frerichs ofs ist Gründer und Leiter der »Franziskanischen Lebensschule«; als Theologe begleitet er Menschen in geistlichen Auszeiten und Übergangsriten. Er ist ausgebildet in der Tradition der School of Lost Borders und geprägt von franziskanischer Spiritualität (Richard Rohr: »Mens' Rites of Passage«). Nach fünf Jahren als Franziskanerbruder gehört er heute dem Dritten Orden der franziskanischen Familie an. Der frühere ZDF-Redakteur lebt mit seiner Frau und zwei Söhnen in Bingen am Rhein.

Die Natur als Balsam für die Seele

Beate und Olaf Hofmann
Einfach raus!
Wie Sie Kraft aus der Natur schöpfen

176 Seiten
Paperback, 14 x 22 cm
ISBN 978-3-8436-1054-4

Auch als eBook

Einfach raus! Raus aus eingefahrenen Denkmustern, raus aus der Frustfalle und rein in die Natur vor der Haustür! Denn auch im Alltag Abenteuer zu wagen und die Natur als Ressource zu nutzen, erhöht die seelische Widerstandskraft. Beate und Olaf Hofmann zeigen, wie »Grüne Resilienz« es ermöglicht, gesund zu bleiben, gelassener zu handeln und einfach glücklicher zu leben. Motivierend und unterhaltsam verknüpfen sie ihre eigenen Erfahrungen mit aktuellen Erkenntnissen der Psychologie, Pädagogik und Natursoziologie. In persönlichen Interviews kommen Gerald Hüther, Karlheinz Geißler, Anselm Grün u.a. zu Wort. Mit diesem Buch bringen Sie Ihr Leben langfristig in den »grünen Bereich«!

www.patmos.de

Körper und Seele:
Aggression und Spiritualität

Pierre Stutz
Lass dich nicht im Stich
Die spirituelle Botschaft von
Ärger, Zorn und Wut

208 Seiten
Hardcover mit Schutzumschlag, 13 x 21,3 cm
ISBN 978-3-8436-0950-0

Auch als eBook

Pierre Stutz führt vor Augen, dass Ärger, Zorn und Wut zum Menschsein gehören, und entschlüsselt, welche spirituelle Botschaft sie bereithalten. Gefragt ist ein konstruktiver Umgang mit Aggression, der damit beginnt, Selbstvertrauen und den Mut zu entwickeln, sich nicht im Stich zu lassen, sondern sich zu wehren. In sieben Schritten nimmt der Autor den Leser, die Leserin mit auf eine Entdeckungsreise mit dem Ziel, die Kraft der Aggression positiv freizusetzen für einen alltäglichen Friedensweg. Die authentische Lebenserfahrung von Pierre Stutz fließt dabei ebenso ein wie große Stimmen der Mystik und Einsichten der Psychologie.

www.patmos.de

VERLAGSGRUPPE PATMOS
PATMOS
ESCHBACH
GRÜNEWALD
THORBECKE
SCHWABEN
VER SACRUM

Die Verlagsgruppe
mit Sinn für das Leben

Die Verlagsgruppe Patmos ist sich ihrer Verantwortung gegenüber unserer Umwelt bewusst. Wir folgen dem Prinzip der Nachhaltigkeit und streben den Einklang von wirtschaftlicher Entwicklung, sozialer Sicherheit und Erhaltung unserer natürlichen Lebensgrundlagen an. Näheres zur Nachhaltigkeitsstrategie der Verlagsgruppe Patmos auf unserer Website www.verlagsgruppe-patmos.de/nachhaltig-gut-leben

Übereinstimmend mit der EU-Verordnung zur allgemeinen Produktsicherheit (GPSR) stellen wir sicher, dass unsere Produkte die Sicherheitsstandards erfüllen. Näheres dazu auf unserer Website www.verlagsgruppe-patmos.de/produktsicherheit. Bei Fragen zur Produktsicherheit wenden Sie sich bitte an produktsicherheit@verlagsgruppe-patmos.de

3. Auflage 2025
Alle Rechte vorbehalten
© 2018 Patmos Verlag
Verlagsgruppe Patmos in der Schwabenverlag AG
Senefelderstr. 12, 73760 Ostfildern
www.patmos.de

Umschlaggestaltung: Finken & Bumiller
Umschlagabbildung: iStock-147044567
Satz: mittelstadt 21, Vogtsburg-Burkheim
Druck: CPI books GmbH, Leck
Hergestellt in Deutschland
ISBN 978-3-8436-1032-2 (Print)
ISBN 978-3-8436-1047-6 (eBook)